STOCKHOLM

PAUL EADE

Highlights

Willkommen in Stockholm **5**
Stockholm entdecken **6**
Highlights **10**
Skansen **12**
Vasamuseet **14**
Stockholms Skärgård **16**
Stadshuset **22**
Schloss Drottningholm **24**
Kungliga slottet **26**
Gröna Lund **28**
Nordiska museet **30**
Historiska museet **32**
Hagaparken **34**

Themen

Historische Ereignisse **38**
Kirchen **40**
Museen & Sammlungen **42**
Parks & Gärten **44**
Unbekanntes Stockholm **46**
Kinder **48**
Kneipen & Bars **50**
Cafés **52**
Restaurants **54**
Shopping:
   Skandinavisches Design **56**
Kostenlose Attraktionen **58**
Festivals & Veranstaltungen **60**

Inhalt

Stadtteile

Norrmalm & City	**64**
Kungsholmen & Vasastan	**70**
Östermalm & Djurgården	**76**
Gamla stan, Skeppsholmen & Blasieholmen	**84**
Södermalm	**92**
Abstecher	**98**

Reise-Infos

Anreise & In Stockholm unterwegs	**106**
Praktische Hinweise	**108**
Hotels	**112**
Textregister	**118**
Bildnachweis & Impressum	**124**
Sprachführer	**126**
Straßenverzeichnis	**128**

Die TOP10-Listen in diesem Buch sind nicht nach Rängen oder Qualität geordnet. Alle zehn Einträge sind in den Augen des Herausgebers von gleicher Bedeutung.

Titelseite, Umschlag Vorderseite & Buchrücken
Södermalms Uferstraße bei Sonnenuntergang
Umschlag Rückseite, im Uhrzeigersinn von links oben Bücherregale in der Stadsbiblioteket, Stockholms Skärgård im Winter, Blick auf Södermalm, Gamla stan

---

Die Informationen in diesem TOP10-**Reiseführer werden regelmäßig aktualisiert.**

Angaben wie Telefonnummern, Öffnungszeiten, Adressen, Preise und Fahrpläne können sich jedoch ändern. Der Verlag kann für fehlerhafte oder veraltete Angaben nicht haftbar gemacht werden. Für Hinweise, Verbesserungsvorschläge und Korrekturen ist der Verlag dankbar. Bitte richten Sie Ihr Schreiben an:
Dorling Kindersley Verlag GmbH
Redaktion Reiseführer
Arnulfstraße 124 • 80636 München
reise@dk.com

Sprachführer

Platz	torg
Straße	gata
Touristeninformation	turistinformationskontor
Rathaus	stadshus
wegen Urlaub geschlossen	stängt för semester
Bushaltestelle	busstation
Bahnhof	järnvägsstation

Im Hotel

Haben Sie ein Zimmer frei?	Har ni några lediga rum?
Doppelzimmer mit Doppelbett	dubbelrum med dubbelsäng
Doppelzimmer mit zwei Betten	dubbelrum med två sängar
Einzelzimmer	enkelrum
Zimmer mit Bad/Dusche	rum med bad/dusch
Schlüssel	nyckel
Ich habe ein Zimmer reserviert.	Jag har beställt rum.

Im Restaurant

Haben Sie einen Tisch für …?	Har ni ett bord för …?
Ich möchte einen Tisch reservieren.	Jag skulle vilja boka ett bord.
Die Rechnung, bitte.	Notan, tack.
Ich bin Vegetarier.	Jag är vegetarian
Kellnerin	servitris
Kellner	servitör
Speisekarte	meny/matsedel
Festpreismenü	meny med fast pris
Weinkarte	vinlista
ein Glas Wasser	ett glas vatten
ein Glas Wein	ett glas vin
Flasche	flaska
Messer	kniv
Gabel	gaffel
Löffel	sked
Frühstück	frukost
Mittagessen	lunch
Abendessen	middag
Hauptgang	huvudrätt
Vorspeise	förrätt
Tagesgericht	dagens rätt
Kaffee	kaffe

Auf der Speisekarte

apelsin	Orange
bakelse	Kuchen, Gebäck
banan	Banane
biff	Rindfleisch
bröd	Brot
bullar	Brötchen
choklad	Schokolade
citron	Zitrone
dessert	Dessert
fisk	Fisch
fläsk	Schweinefleisch
forell	Forelle
frukt	Frucht
glass	Eiscreme
hummer	Hummer
kallskuret	Aufschnitt
korv	Würstchen
kyckling	Huhn
kött	Fleisch
lamm	Lamm
lök	Zwiebel
mineralvatten	Mineralwasser
mjölk	Milch
nötkött	Rindfleisch
ost	Käse
olja	Öl
potatis	Kartoffeln
ris	Reis
rostat bröd	Toast
räkor	Garnelen
rött vin	Rotwein
saft	Saft
sill	Hering
skaldjur	Seafood
smör	Butter
stekt	gebraten
salt	Salz
socker	Zucker
soppa	Suppe
sås	Sauce
te	Tee
torr	trocken
ungsstekt	gebacken, gebraten
vispgrädde	Schlagsahne
vitlök	Knoblauch
vitt vin	Weißwein
ägg	Ei
äpple	Apfel
öl	Bier

Zahlen

0	noll
1	ett
2	två
3	tre
4	fyra
5	fem
6	sex
7	sju
8	åtta
9	nio
10	tio
100	(ett) hundra
200	tvåhundra
300	trehundra
400	fyrahundra
500	femhundra
1000	(ett) tusen

Zeit

eine Minute	en minut
eine Stunde	en timme
eine halbe Stunde	en halvtimme
zehn nach eins	tio över ett
Viertel nach eins	kvart över ett
halb zwei	halv två
zwei Uhr	klockan två
zwölf Uhr	klockan tolv
13 Uhr	klockan tretton
16.30 Uhr	sexton och trettio
Mitternacht	midnatt
Montag	måndag
Dienstag	tisdag
Mittwoch	onsdag
Donnerstag	torsdag
Freitag	fredag
Samstag	lördag
Sonntag	söndag

# Straßenverzeichnis (Auswahl)

Straße	Feld
Allmänna gränd	R5
Amiralsvägen	P5
Apelbergsgatan	L2
Artillerigatan	N3
Åsögatan	D5
Atlasmuren	B2
Banérgatan	Q3
Barnhusgatan	K2
Bergsgatan	B3
Biblioteksgatan	M2
Birger Jarlsgatan	D3
Blasieholmsgatan	N3
Blekholmsterrassen	J3
Borgmästargatan	E5
Brahegatan	N1
Breda gatan	R6
Brunnsgatan	M1
Brunnsgränd	N5
Bryggargatan	L2
Cardellgatan	N1
Dalagatan	J1
David Bagares gata	M1
Djurgårdsvägen	R4
Döbelnsgatan	L1
Drakenbergsgatan	B5
Drottninggatan	L2
Engelbrektsgatan	D2
Eriksbergsgatan	D2
Falkenbergsgatan	R5
Floragatan	D2
Folkungagatan	E5
Fredsgatan	L4
Gamla Brogatan	K2
Gås gränd	M5
Gästrikegatan	B2
Götgatan	D6
Grev Magnigatan	P3
Grevgatan	Q1
Gröna gången	P5
Grubbens gata	B3
Guldgränd	M6
Gyllenstiernsgatan	R2
Hamngatan	M3
Hantverkargatan	J4
Heleneborgsgatan	B5
Herkulesgatan	L3
Högalidsgatan	B5
Högbergsgatan	D5
Holländargatan	K1
Hovslagargatan	N4
Humlegårdsgatan	M1
Inedalsgatan	B3
Jakobsbergsgatan	M2
Jakobsgatan	L4
Järntorget	M6
Johannesgatan	L1
Jungfrugatan	P1
Kåkbrinken	M5
Kammakargatan	K1
Kapellgränd	D5
Kaplansbacken	J4
Kaptensgatan	P3
Karduansmakargatan	L4
Karlavägen	R2
Katarinavägen	D5
Kindstugatan	M5
Klara Norra Kyrkogata	K2
Klarabergsgatan	L3
Klarabergsviadukten	K3
Klarastrandsleden	K4
Kockgatan	D5
Kommendörsgatan	N1
Köpmangatan	M5
Kristinehovsgatan	B5
Kungsholmsgatan	B3
Kungsträdgårdsgatan	M3
Långa gatan	R5
Långa Raden	P5
Lästmakargatan	M2
Lilla Nygatan	M5
Linnégatan	R2
Ljusterögatan	E6
Lundagatan	B5
Luntmakargatan	L1
Lützengatan	Q1
Majorsgatan	N1
Målargatan	L2
Malmgårdsvägen	E6
Malmskillnadsgatan	L2
Malmtorgsgatan	L3
Mårten Trotzigs gränd	M6
Mäster Samuelsgatan	L3
Metargatan	E6
Monteliusvägen	L6
Munkbrogatan	M5
Museikajen	N4
Myntgatan	M5
Näckströmsgatan	M3
Narvavägen	Q2
Nordenskiöldsgatan	R6
Norra Agnegatan	B3
Norra Brobänken	P4
Norra Stationsgatan	A1
Norrlandsgatan	M2
Nybergsgatan	P1
Nybrogatan	N2
Nybrokajen	N3
Nytorgsgatan	E5
Odengatan	B2
Olof Palmes gata	K2
Olofsgatan	L1
Österlånggatan	N5
Östermalmsgatan	D2
Östgötagatan	D5
Oxenstiernsgatan	F3
Oxtorgsgatan	L2
Parmmätargatan	J4
Pilgatan	B3
Ploggatan	E6
Prästgatan	M5
Pryssgränd	L6
Rådmansgatan	J1
Regeringsgatan	M2
Renstiernas gata	E5
Repslagargatan	D5
Riddargatan	P2
Rigagatan	R1
Ringvägen	C6
Rosendalsvägen	R4
Runebergsgatan	D2
Sankt Eriksgatan	B2
Scheelegatan	B3
Schönfeldts gränd	M5
Sergelgatan	L2
Sibyllegatan	N2
Sigtunagatan	B2
Själagårdsgatan	M5
Skeppargatan	P3
Skeppsbron	N5
Slöjdgatan	L2
Slottsbacken	M5
Slottskajen	M4
Slussplan	M6
Snickarbacken	M1
Söder Mälarstrand	L6
Södra Blasieholmshamnen	N4
Södra Brobänken	P5
Sofiagatan	E6
Stadsgårdshamnen	D5
Stadsgårdsleden	D5
Stallgatan	N3
Stora Nygatan	M5
Storgatan	R3
Storkyrkobrinken	M5
Strandvägen	R3
Strömgatan	L4
Sturegatan	N1
Styrmansgatan	P2
Svartensgatan	D5
Svartmangatan	M5
Sveavägen	L1
Svensksundsvägen	P5
Tegnérgatan	K1
Tengdahlsgatan	E6
Terminalslingan	K3
Tjärhovsgatan	D5
Torsgatan	J2
Torstenssonsgatan	Q3
Trädgårdsgatan	M3
Tunnelgatan	L1
Tyska Brinken	M5
Tysta gatan	Q1
Ulrikagatan	R2
Upplandsgatan	K1
Väpnargatan	N3
Värtavägen	Q1
Varvsgatan	B5
Vasagatan	K2
Västerlånggatan	M5
Västra Brobänken	P5
Vattugatan	L3
Vegagatan	B2
Villagatan	D2
Yxsmedsgränd	M5
Zinkens väg	B5

Willkommen in
Stockholm

Die Hauptstadt Schwedens bietet prächtige Königsschlösser, erstklassige Museen, beschauliche Parks, eine bezaubernde mittelalterliche Altstadt und – in unmittelbarer Nähe – eine wunderbare Inselwelt. Stockholm ist eine Stadt der Kontraste: Tagsüber lädt der Mälaren zum Schwimmen ein, nachts lockt die lebhafte Restaurant- und Barszene in Södermalm.

Stockholm ist mit knapp einer Million Einwohnern die größte Stadt Skandinaviens. Die Metropole präsentiert sich dynamisch, kultur- und designaffin, die regionale Küche ist herzhaft und bodenständig. Für kurze, klirrend kalte Wintertage entschädigen lange laue Sommernächte. Die Stadt erstreckt sich über mehrere Inseln mit eigenem Charakter – von der historischen, lebhaften **Gamla stan** über das beschauliche **Djurgården** bis zum eleganten **Östermalm**.

Besichtigen Sie im **Vasamuseet** ein eindrucksvolles Relikt aus dem 17. Jahrhundert, als Schweden eine Großmacht in Europa war. Tiefere Einblicke in die Stadt- und Landesgeschichte ermöglichen das **Nordiska museet** und das **Historiska museet**. **Schloss Drottningholm** und das **Kungliga slottet** zeigen Pomp und Pracht der schwedischen Monarchie. Vom Turm des **Stadshuset** genießt man eine wunderbare Aussicht, im Freilichtmuseum **Skansen** und im **Hagaparken** findet man Erholung vom Trubel der Stadt. Die Fahrgeschäfte in **Gröna Lund** bereiten allen Altersgruppen Vergnügen. Bei einer *fika*, dem traditionellen Alltagsritual der Schweden mit Kaffee und Kuchen, lernt man Einheimische kennen.

Ob für den Wochenendtrip oder den Wochenurlaub – der TOP**10** *Stockholm* zeigt Ihnen die spannendsten Attraktionen, die die gesamte Stadt zu bieten hat – vom Szeneviertel **Södermalm** bis zum vornehmen **Kungsholmen**. Dieser Reiseführer gibt Ihnen unentbehrliche Tipps an die Hand. Acht Spaziergänge helfen Ihnen, viele Attraktionen in kurzer Zeit zu sehen. Anhand der detaillierten Karten finden Sie sich problemlos zurecht. **Viel Spaß mit diesem Reiseführer und viel Spaß in Stockholm!**

Im Uhrzeigersinn von oben: Hafen am Nybroviken, Gamla stan, Stadsbiblioteket, Vaxholm in Stockholms Skärgård, Avicii Arena, winterlicher Riddarfjärden, Brantingtorget in Gamla stan

Stockholm entdecken

Die schwedische Hauptstadt bietet Besuchern eine lebhafte Atmosphäre und vielfältige Attraktionen. Die folgenden Touren helfen Ihnen dabei, bei einem kurzen Aufenthalt die wichtigsten Sehenswürdigkeiten zu besuchen.

Das Nordiska museet vermittelt Besuchern detaillierten Einblick in Schwedens Kulturgeschichte.

Zwei Tage in Stockholm

Tag ❶
Vormittags
Sehen Sie sich im **Vasamuseet** *(siehe S. 14f)* um, ehe Sie durch den Galärparken zum **Nordiska museet** *(siehe S. 30f)* spazieren. **Ulla Winbladh** *(siehe S. 81)* bietet traditionelles schwedisches Mittagessen.

Nachmittags
Per Tram geht es über den Strandvägen *(siehe S. 79)* nach Strömkajen, dann mit der Fähre in **Stockholms Skärgård** *(siehe S. 16f)*. Die Insel **Stora Fjäderholmen** ist ideal für ein Picknick und ein Bad im Meer.

Tag ❷
Vormittags
Genießen Sie die Aussicht vom Turm des **Stadshuset** *(siehe S. 22f)*. Nach einer Führung durch das **Kungliga slottet** *(siehe S. 26f)* schlendern Sie durch die Gassen von **Gamla stan** *(siehe S. 84–91)*, die viele Läden, Cafés und Restaurants säumen.

Nachmittags
Nehmen Sie die Fähre von Slussen nach **Djurgården** *(siehe S. 45)* und besichtigen Sie das Freilichtmuseum **Skansen** *(siehe S. 12f)*. Im Vergnügungspark **Gröna Lund** *(siehe S. 28f)* mit seinen vielen Fahrgeschäften haben Sie eventuell die Möglichkeit, den Tag mit einem im Eintrittspreis enthaltenen Konzert zu beschließen.

Vier Tage in Stockholm

Tag ❶
Vormittags
Erkunden Sie per Leihrad (z. B. von rentabike.se, Mai–Sep) den **Hagaparken** *(siehe S. 34f)*. Dann geht es zur Insel **Kungsholmen** *(siehe S. 70–75)* mit dem mittags beliebten Café **Petite France** *(siehe S. 74)*.

Die Vasa im sehenswerten Vasamuseet

Stockholm entdecken « 7

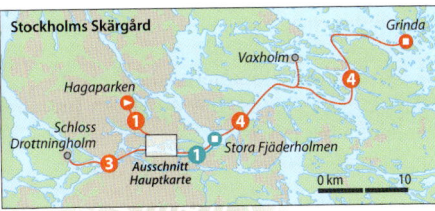

Legende
— Zwei-Tages-Tour
— Vier-Tages-Tour

Die Insel Gamla stan ist die historische Altstadt von Stockholm.

Nachmittags
Lohnenswerte Ziele sind das **Historiska museet** *(siehe S. 32f)* und das **Nordiska museet** *(siehe S. 30f)*. Kehren Sie abends im Ekstedt oder im **Gastrologik** *(siehe S. 81)* ein.

Tag ❷
Vormittags
Frühstücken Sie im **Greasy Spoon** *(siehe S. 96)*. Genießen Sie auf dem Weg zur **Slussen** die Aussicht vom **Katarinavägen**. Nehmen Sie die Fähre nach **Djurgården** *(siehe S. 45)* und besuchen Sie das spannende **Vasamuseet** *(siehe S. 14f)*.

Nachmittags
Erkunden Sie **Skansen** *(siehe S. 12f)* oder den Vergnügungspark **Gröna Lund** *(siehe S. 28f)*. Per Schiff geht es dann zurück zur Slussen. Stürzen Sie sich nach einem Abendessen im **Nytorget Urban Deli** *(siehe S. 97)* in das quirlige Nachtleben von Södermalm *(siehe S. 92–97)*.

Tag ❸
Vormittags
Finden Sie sich früh am **Stadshuset** *(siehe S. 22f)* ein. Vom Fährterminal Stadshusbron führt eine Rundfahrt über den Mälaren zum **Schloss Drottningholm** *(siehe S. 24f)*.

Nachmittags
Besichtigen Sie das **Kungliga slottet** *(siehe S. 26f)* und die Livrustkammaren *(siehe S. 59)*. Nach einem Spaziergang durch **Gamla stan** *(siehe S. 84–91)* lockt ein Abendessen im **The Flying Elk** *(siehe S. 91)*.

Tag ❹
Vormittags
Besuchen Sie das **Moderna museet** *(siehe S. 86)*. Am Wochenende können Sie danach im Café Blom *(siehe S. 90)* zum Brunch einkehren.

Nachmittags
Vom Strömkajen legen Fähren zu **Stockholms Skärgård** *(siehe S. 16f)* ab. **Stora Fjäderholmen** bietet sich zum Picknicken und Schwimmen an. Im historischen **Vaxholm** und auf der bezaubernden Insel **Grinda** kann man auch für eine Nacht bleiben.

Highlights

Yachten ankern inmitten von kleinen Inseln in Stockholms Skärgård

Highlights	10	Kungliga slottet	26
Skansen	12	Gröna Lund	28
Vasamuseet	14	Nordiska museet	30
Stockholms Skärgård	16	Historiska museet	32
Stadshuset	22	Hagaparken	34
Schloss Drottningholm	24		

TOP 10 Highlights

Stockholm zeigt je nach Jahreszeit unterschiedlichste Gesichter. Die exzellenten Museen, die malerischen Wasserwege und das rege Nachtleben machen die Stadt ganzjährig zu einem lohnenden Reiseziel.

1 Skansen
Das Freilichtmuseum mit Zoo und Rummelplatz veranschaulicht den traditionellen schwedischen Lebensstil *(siehe S. 12f)*.

2 Vasamuseet
Das 1628 gesunkene Kriegsschiff *Vasa* wurde in erstaunlich gutem Zustand geborgen *(siehe S. 14f)*.

3 Stockholms Skärgård
Für die Erkundung des bezaubernden Schärengartens würde ein ganzer Sommer nicht reichen *(siehe S. 16–19)*.

4 Stadshuset
Das Rathaus birgt prächtige Räume wie die Prinzengalerie und den Blauen Saal. Vom Turm hat man eine tolle Aussicht *(siehe S. 22f)*.

5 Schloss Drottningholm
Das Schloss aus dem 17./18. Jahrhundert mit dem herrlichen Park ist Wohnsitz der schwedischen Königsfamilie. Es gehört zum Welterbe der UNESCO *(siehe S. 24f)*.

Highlights « 11

⑥ Kungliga slottet
Nachdem der Vorgängerbau 1697 abgebrannt war, wurde das »Königliche Schloss« in einer Kombination aus schwedischen, italienischen und französischen Stilelementen erbaut *(siehe S. 26f)*.

⑦ Gröna Lund
Der Vergnügungspark bietet historische Attraktionen wie ein Karussell aus dem 19. Jahrhundert sowie Nervenkitzel in modernen Fahrgeschäften *(siehe S. 28f)*.

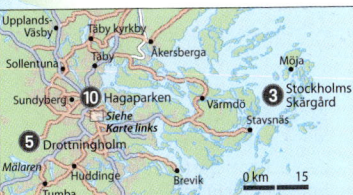

⑧ Nordiska museet
Das Museum dokumentiert das schwedische Alltagsleben seit dem 16. Jahrhundert. Ausgestellt sind u. a. Schmuck und Hausrat sowie Gemälde von August Strindberg *(siehe S. 30f)*.

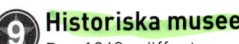

⑨ Historiska museet
Das 1943 eröffnete Museum ist insbesondere für die Ausstellungen über die Wikinger und über das frühe Mittelalter bekannt *(siehe S. 32f)*.

⑩ Hagaparken
Der im englischen Stil gestaltete Park ist eine Oase der Ruhe am Nordrand der Stadt *(siehe S. 34f)*.

Skansen

Das Freilichtmuseum zur Geschichte Schwedens wurde 1891 gegründet. Mehr als 150 traditionelle Bauwerke (14.–20. Jh.) aus dem ganzen Land wurden auf dem Museumsgelände versammelt. Zudem sind nordische Tierarten in ihrem natürlichen Habitat und Pflanzen aus ganz Schweden zu sehen. Skansen präsentiert sich im Winter beschaulich, im Sommer lebhaft – ein ruhiges Plätzchen ist auf dem Areal aber immer zu finden.

1 Bredablick
Den 30 Meter hohen Ziegelturm ließ ein königlicher Arzt errichten, weil er glaubte, die Aussicht sei dem Wohlergehen förderlich. Für Besucher ist der Turm geschlossen. In der Nähe können Kinder mit Elektroautos fahren.

2 Skansens Bergbana
Die Standseilbahn, die vom Eingang Hazelius-Tor den Hügel hinauffährt, wurde 1897 angelegt. Die Fahrt macht Spaß und erleichtert zudem Rollstuhlfahrern und Besuchern mit Kinderwagen den Aufstieg.

3 Historisches Stadtviertel
In dem rekonstruierten Viertel (19. Jh.) führen Handwerker traditionelle Techniken vor. Viele der Kirchen, Herrenhäuser und anderen Gebäude sind zugänglich.

4 Lill-Skansen
In dem 1955 eröffneten Zoo gibt es verschiedene für Kinder zugängliche Gehege mit Kleintieren.

5 Rummelplatz Galejan
Kinder lieben die traditionellen Fahrgeschäfte, darunter handbemalte Karussells (*links*).

Skansen « 13

⑦ Aquarium
An das Aquarium mit rund 200 verschiedenen Meerestieren ist die »Welt der Affen« mit Pavianen und Lemuren *(links)* angeschlossen.

⑧ Nordische Tierwelt
In Gehegen im Nordteil von Skansen leben Wölfe, Braunbären, Luchse und Elche. Bei den Bauernhöfen auf der Anlage sind schwedische Nutztierrassen zu finden.

⑨ Glasbläserei
Die Glasbläser fertigen auf traditionelle Art Objekte mit regionalem Design. Die Produkte stehen zum Verkauf.

> **Veranstaltungen**
>
> In Skansen wird das Mittsommerfest gefeiert. Zu Weihnachten wird ein traditioneller Markt, an Silvester ein Feuerwerk veranstaltet. Die dienstagabends stattfindenden renommierten Sommerkonzerte mit jungen Künstlern werden im Fernsehen übertragen.

⑩ Gärten
Die Gestaltung der Gärten *(unten)* und Anbauflächen harmonisiert mit den Gebäuden. Zum Bauernhof aus Skåne gehört ein schattiger Garten, im historischen Stadtviertel wurden Kräutergärten angelegt.

Historisches Zeugnis: Windmühle Främmestad

⑥ Cafés & Restaurants
Das Restaurant Solliden bietet traditionelles *smörgåsbord*, Tre Byttor lädt zum romantischen Diner. Mitgebrachtes kann man im Freien oder im Solliden verzehren.

> **Infobox**
>
> Karte F4 ■ Djurgårdsslätten 49–51 ■ +46 8 442 8000 ■ Tram 7; Bus 67; Fähre ab Slussen nach Djurgården; Hop-on-Hop-off-Busse ■ www.skansen.se
>
> ■ tägl. ab 10 Uhr (Details siehe Website)
>
> ■ Eintritt: Erwachsene 125–220 Kr, Kinder (4–15 Jahre) 60 Kr, unter 4 Jahren frei; Skansen & Aquarium: Erwachsene 225–295 Kr, Kinder (4–15 Jahre) 110 Kr, unter 4 Jahren frei
>
> ■ Die Eintrittspreise sind im Winter am günstigsten, im Sommer sowie bei Veranstaltungen am höchsten.
>
> ■ Das ganzjährig geöffnete Café-Restaurant Skansen Terrassen serviert preiswerte Mahlzeiten. Auch Kinderportionen sind erhältlich.

Vasamuseet

Da das 1626 bis 1628 gebaute Kriegsschiff *Vasa* – ein Prestigeobjekt der königlichen Flotte – topplastig war und zu wenig Ballast besaß, kenterte es bereits auf seiner Jungfernfahrt nach nur wenigen Metern im Stockholmer Hafen. 1961 wurde der erstaunlich intakte Rumpf geborgen. Um sie vor dem Verfall zu schützen, werden die Galeone und die bei der Bergung entdeckten Artefakte unter streng kontrollierten Bedingungen im Vasamuseet ausgestellt. Modelle und Nachbauten erzählen die Geschichte der *Vasa* und ihrer Hebung.

❶ Galionsfigur
König Gustav II. Adolf, der den Beinamen »Löwe aus Mitternacht« trug, gab den Bau des Schiffs in Auftrag. Das erklärt die vielen Löwenfiguren, mit der die *Vasa* verziert wurde. Die drei Meter lange Galionsfigur ist die schönste.

❷ Gegenstände
Aus dem Schiff und vom Meeresgrund wurden verschiedene Objekte geborgen. Vom oberen Kanonendeck stammt eine Kiste mit persönlicher Habe – Filzhut, Kamm, Nähzeug, Handschuhe, ein Fässchen und anderes.

❸ Oberdeck
Das zerstörte Oberdeck *(links)* wurde in den 1990er Jahren aufwendig restauriert. Dabei wurde so weit wie möglich auf originale Bestandteile zurückgegriffen.

❹ Skelette
Bei der Bergung der *Vasa* wurden auch 15 Skelette gefunden. Die Ausstellung »Von Angesicht zu Angesicht« ermöglicht dank Gesichtsrekonstruktionen eine fiktive Begegnung mit den Besatzungsmitgliedern.

❺ Kanonendeck
Die *Vasa* war ein Kriegsschiff mit enormer Artillerie. Das obere wie auch das untere Deck waren mit gusseisernen Kanonen *(oben)* ausgestattet.

Infobox
- Karte Q4 ■ Galärvarvsvägen 14 ■ +46 8 5195 4880
- Tunnelbana: Karlaplan; Tram 7; Bus 67 bis Nordiska museet/Vasamuseet; Fähre von Slussen nach Djurgården ■ www.vasamuseet.se
- Juni – Aug: tägl. 8.30 – 18 Uhr (Mi bis 20); Sep – Mai: tägl. 10 –17 Uhr (Mi bis 20 Uhr); 23. – 25. Dez geschl.
- Eintritt: Erwachsene 190 Kr, unter 19 Jahren frei
- Es gibt Informationsblätter und Audioguides in vielen Sprachen, zudem werden Führungen auf Englisch angeboten (Details siehe Website).
- Das Museumsrestaurant bietet Erfrischungen sowie warme und kalte Speisen.
- Der Museumsshop verkauft Souvenirs.

Vasamuseet « 15

Der Untergang
Am 10. August 1628 stach die *Vasa* von der Werft in See. Die ersten paar Hundert Meter wurde sie mittels Ankern gezogen, dann wurden vier ihrer zehn Segel gesetzt. Eine erste Windböe ließ die *Vasa* krängen, bei der zweiten kenterte das Schiff. Wasser schoss durch die Kanonenluken, und die Galeone ging nach kaum 1300 Metern Fahrt unter, rund 30 der 150 bis 200 Menschen an Bord starben. Die *Vasa* sank, weil sie zu wenig Ballast besaß, um das Gewicht von Kanonen und Takelage auszugleichen: Der Rumpf war damit zu hoch über dem Wasser.

❻ Heck
Das Schiff war mit rund 500 Holzfiguren verziert, viele davon schmückten das Heck *(oben)*. Die prachtvolle Ausstattung symbolisierte die Macht Schwedens zu dieser Zeit.

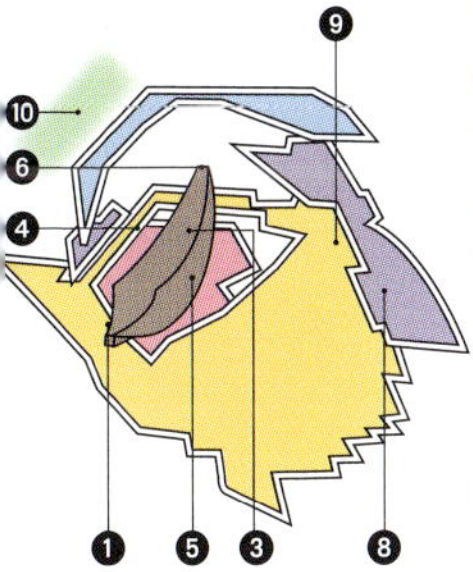

❼ Skulpturen
Die Putten am königlichen Wappen und viele weitere Skulpturen zeigen, wie König Gustav II. Adolf gesehen werden wollte.

❽ Kanonen
Die meisten der 64 Kanonen *(oben)* des Kriegsschiffs wurden bereits im 17. Jahrhundert geborgen. Das Museum zeigt drei der größten, jeweils 1,2 Tonnen wiegenden bronzenen Geschütze.

❾ Film
Im Museum informiert ein kurzer Film über die Entdeckung des Wracks durch einen Archäologen und die mühevolle Bergung in den Jahren 1959 bis 1961.

❿ Garten
Im Garten des Vasamuseet wachsen Pflanzen, die für die Besatzung des Schiffs lebenswichtig gewesen wären. Mit dem im Spätsommer geernteten Hopfen wurde Bier aromatisiert und konserviert.

Legende
- Erdgeschoss
- Erster Stock
- Zweiter Stock
- Dritter Stock

Stockholms Skärgård

Der Schärengarten, der sich vor Stockholm 60 Kilometer weit nach Osten erstreckt, zählt zu den schönsten der Welt. Rund 150 der insgesamt etwa 30 000 kleinen Inseln sind bewohnt. Die einzelnen Schären, deren Charakter je nach Entfernung zum offenen Meer variiert, dienten vielen Malern und Dichtern als Inspiration. Im Sommer gibt es viele Bootstouren – von einer kurzen Überfahrt nach Fjäderholmarna bis zu langen Fahrten weit hinaus.

1 Siaröfortet
Die in den Fels geschlagene, teils unterirdische Festungsanlage mit Küche, Kasernen und Geschützen war Teil einer Verteidigungslinie gegen russische Seestreitkräfte. Sie wurde in den 1960er Jahren aufgegeben. Heute dient sie als Museum.

2 Sandhamn
Sandhamn ist das Segelzentrum des Schärengartens. In den Sommermonaten herrscht in dem Hafen (unten) stets Hochbetrieb. Der lange Strand Trouville spricht vor allem Familien an.

3 Stora Fjäderholmen
Auf der Hauptinsel (oben) des Archipels Fjäderholmarna kann man nach kurzer Anfahrt einen Eindruck von den Schären gewinnen. Von Mai bis Oktober gibt es Fähren ab Nybroplan und Slussen.

4 Norröra
Auf Norröra wurde 1964 eine von Astrid Lindgren geschriebene Fernsehserie gedreht. Seither hat sich auf der Insel wenig verändert.

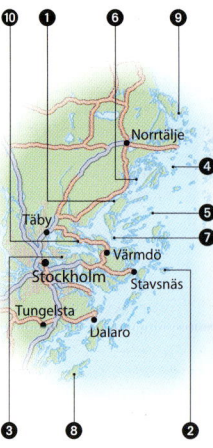

Stockholms Skärgård « 17

⑤ Finnhamn
Die Inselgruppe im äußeren Archipel ist das ganze Jahr über per Boot erreichbar. Das Hostel auf der Hauptinsel hat vom späten Frühjahr bis Herbst geöffnet. Es gibt auch einen Biobauernhof.

⑥ Nationalpark Ängsö
Die ursprüngliche Landschaft des Nationalparks vermittelt einen authentischen Eindruck vom historischen Schweden. Durch den Park führen Wanderwege.

⑦ Grinda
Die Insel ist ein äußerst beliebtes Ausflugsziel. Sie bietet verschiedene Unterkünfte. Die Restaurants auf Grinda sind im Sommer sehr gut besucht.

> **Weitere Inseln**
>
> Die von jeher landwirtschaftlich geprägte Insel **Gällnö** bietet eine faszinierende Landschaft mit Feldern, Wiesen und Felsen. **Själbottna** gehört zum Naturschutzgebiet Östra Lagnö. Auf der Insel kann man hervorragend zelten und an geschützten Stellen baden. Auf der Landsort genannten Südspitze von **Öja** steht der älteste noch in Betrieb befindliche Leuchtturm Schwedens. Die wilde Granitinsel **Rödlöga** (»in Rot getaucht«) ist für Boote der letzte Anlaufhafen am äußersten Rand des Schärengartens.

Infobox
- Fähren zwischen Stockholm & Skärgård: Waxholmsbolaget
- +46 8 600 1000
- www.waxholms bolaget.se

- Alle der auf diesen Seiten genannten Inseln sind per Linienboot erreichbar. Dennoch sollte man Ausflüge sorgfältig planen. Zu vielen Inseln sind die Verkehrsverbindungen eingeschränkt, manche werden nur einmal am Tag angefahren.

- Die gastronomische Palette reicht von Spitzenrestaurants auf stark besuchten Inseln bis zu einfachen Cafés oder Kiosken. Manche Inseln bieten keinerlei Imbissmöglichkeiten.

⑧ Utö
Die Insel *(oben)* im Süden des Stockholmer Schärengartens lädt zum Kanu- und Radfahren ein. Sie bietet hübsche Strände sowie gute Unterkünfte und Cafés.

⑨ Arholma
Die Landschaft der dem offenen Meer nächstgelegenen Insel des nördlichen Archipels steht großteils unter Naturschutz. Arholma birgt eine Mittsommerstange in Form eines Mastes mit Tauwerk und Spieren und eine Turmbake *(rechts)* von 1768, heute eine Kunstgalerie.

⑩ Vaxholm
Der Hauptort des gleichnamigen Archipels bietet ein imposantes Kastell. An der Uferpromenade kann man von den Lokalen aus den Bootsverkehr beobachten. Von Stockholm fährt der Bus 670 zur Insel.

Unternehmungen auf den Inseln

1 Schwimmen

Auch wenn das Wasser kalt ist, besuchen viele im Sommer die Schären zum Schwimmen und Paddeln. Zur beliebten Insel Grinda setzen Fähren von Stockholm in einer Stunde über. Der Bus 428X fährt von Slussen nach Björkvik, wo Sandstrände mit wunderschöner Aussicht locken.

2 Bauernhof
www.ostanviksgard.se

Der Bauernhof Östanviks Gård auf der Insel Nämdö bietet seinen Besuchern auch nette Gästezimer an. Der landwirtschaftliche Betrieb geht auf das 16. Jahrhundert zurück. Im Hofladen kann man viele der Erzeugnisse kaufen.

3 Kajaktouren
www.ingmarsokajak.se

Auf Ingmarsö kann man Einer- und Zweierkajaks mieten oder an geführten Kajaktouren teilnehmen. Die Bootsfahrt von Stockholm zum Südsteg von Ingmarsö dauert zweieinhalb Stunden.

Sommerterrasse des Artipelag

4 Tagestouren mit Restaurantbesuch
www.visitskargarden.se

Organisierte Ausflüge ersparen den Aufwand der Tourplanung und Restaurantsuche – vor allem in der Hochsaison, wenn die Lokale stark frequentiert sind.

5 Blockhütten
www.skargardsstugor.se

Wochenend- oder auch längere Aufenthalte in einer Blockhütte bieten die Möglichkeit, in das Inselleben einzutauchen. Einige Schären bieten kaum Einkaufsmöglichkeiten (Alkohol ist oft gar nicht erhältlich) – man muss also meist selbst ausreichend Proviant mitbringen. Spezielle Internet-Buchungsportale bieten Blockhütten an.

6 Bootswandern
www.waxholmsbolaget.se

Waxholmsbolaget bietet einen an fünf aufeinanderfolgenden Tagen gültigen Bootswanderpass für 545 Kronen an. Dieser berechtigt zur Nutzung aller Schiffe der Gesellschaft. Zum Pass erhält man eine detailreiche Karte mit praktischen Routenvorschlägen. Sie zeigt, wo man auf einer Insel ankommt, wie man sie zu Fuß überquert und an welcher Stelle Fähren zur nächsten Insel ablegen.

Ingmarsö: Kajakparadies auch für Kinder

Stockholms Skärgård « 19

7 Angeln

Angeln ist überall in Stockholms Skärgård ohne Angelschein erlaubt. Ehrgeizige Petrijünger mieten am besten einen Führer; diese stellen meist auch Boote, Ausrüstung, Overalls und Schwimmwesten. Die Fremdenverkehrsbüros auf den Inseln informieren über organisierte Touren.

8 Bootsfahrten im Winter
www.stromma.se

Im Winter lässt sich zwischen Schnee und Eis die Stille des Schärengartens genießen. Strömma bietet samstags und sonntags eine dreistündige Brunchtour auf der 70 Jahre alten S/S *Stockholm*.

Touren

Bootsfahrpläne sind in allen SL-Büros *(siehe S. 107)* und Touristeninformationen erhältlich. Sie sind bisweilen kompliziert, weil manche Boote nur an bestimmten Tagen fahren. Es empfiehlt sich, die Zeiten gründlich zu prüfen – besonders bei Tagesausflügen. Die Schären des mittleren und äußeren Archipels sind am schnellsten mit den Cinderella-Schiffen zu erreichen. Zu vielen Inseln gelangt man auch per Bus und einer kurzen Fährfahrt – Informationen bieten die Fahrpläne. Im Winter sind die Verbindungen eingeschränkt. Die größte Reederei Waxholmsbolaget *(siehe S. 107)* bietet auf ihrer Website (www.waxholmsbolaget.se) Fahrpläne und Routenplaner auf Schwedisch und Englisch.

Schiff der Reederei Waxholmsbolaget

9 Dampfschifffahrten

Im Hochsommer verkehren im Schärengarten historische Dampfschiffe. Die Linienfahrten eignen sich für Tagesausflüge nach Vaxholm, nach Grinda oder zu einer anderen Insel. Angeboten werden auch Tages- und Abendfahrten mit Menü.

10 Camping

Da die Inseln öffentlich zugänglich sind, kann man fast überall zelten. Wer auf frisches Wasser und Toiletten nicht verzichten möchte, findet Zeltplätze, die nichts oder nur wenig kosten.

Camping in Stockholms Skärgård

Stadshuset

Das aus rotem Backstein erbaute Rathaus (1923) dominiert das Nordufer der Bucht Riddarfjärden und zählt zu den Wahrzeichen Stockholms. Es ist im Stil der schwedischen Nationalromantik gestaltet und vereint Elemente der nordischen Gotik und der norditalienischen Architektur. Das Stadshuset beherbergt Büros für rund 200 Lokalpolitiker und Beamte und ist alljährlich Veranstaltungsort des Nobelpreisbanketts.

❶ Goldener Saal
Die byzantinisch inspirierten Wandmosaiken von Einar Forseth (1892–1988) im Festsaal *(rechts)* bestehen aus über 18 Millionen Glas- und Goldteilchen. Sie zeigen Motive aus der Geschichte Schwedens.

❷ Statuen
Im Park stehen viele Skulpturen. Die Stufen zum Riddarfjärden hinab flankieren die Werke *Sången* (Der Gesang) und *Dansen* (Der Tanz) von Carl Eldh. Die Säule in der südöstlichen Ecke ziert eine Statue des Freiheitskämpfers Engelbrekt von Christian Eriksson.

❸ Blauer Saal
Der Architekt Ragnar Östberg gab den ursprünglichen Plan, die Backsteinwände des Saals blau zu streichen, auf, da ihn das natürliche Rot des Materials begeisterte. Der Name des Saals ist aber geblieben.

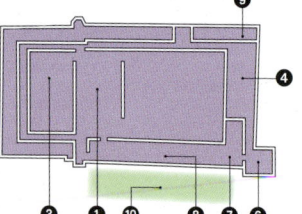

❹ Ratssaal
In dem prunkvollen Saal *(links)* tagt an jedem dritten Montag das Stockholmer Stadtparlament. Die 19 Meter hohe Decke greift in ihrer Gestaltung das Zeitalter der Wikinger auf. Auf der Galerie können bis zu 200 Zuschauer den politischen Debatten beiwohnen.

Vorhergehende Doppelseite Die Schlosskirche im Kungliga slottet *(siehe S. 26f)*

Stadshuset « 23

6 Turm
Die Aussichtsterrasse des 106 Meter hohen Turms *(links)* bietet wunderschönen Blick auf die Altstadt und die City. Ein Lift fährt auf halbe Höhe hinauf. Auch das Turmmuseum ist sehenswert.

7 Ovalen
In dem Raum, den historische Wandteppiche aus dem französischen Beauvais schmücken, werden Ehen geschlossen.

Nobelpreisbankett
Das berühmte Bankett findet alljährlich am 10. Dezember nach der Verleihung der Nobelpreise im Blauen Saal des Stadshuset statt. 1300 geladene Gäste – darunter die königliche Familie und 250 ausgewählte Studenten – lauschen den Ansprachen der Preisträger und einem Toast im Gedenken an den Stifter. Das Bankett wird landesweit live im Fernsehen übertragen.

8 Prinzengalerie
Die Fenster der südlichen Galerie des Stadshuset bieten Sicht auf den Mälaren und auf Södermalm. Das Fresko *Stockholms Küsten* (1922) an der gegenüberliegenden Wand *(oben)* greift dieses Motiv auf. Es wurde von Prinz Eugen, dem Bruder König Gustavs V. von Schweden, gemalt.

9 Stadshuskällaren
Das Restaurant *(siehe S. 75)* in den Kellergewölben des Rathauses bietet schwedische Gerichte wie Fleischbällchen und marinierten Lachs.

5 Drei Kronen
Schwedens Wappensymbol aus dem 14. Jahrhundert krönt die Spitze des Rathausturms.

10 Park
Der an der Südseite des Stadshuset zum Mälaren hin gelegene Park *(unten)* wird gerne von Sonnenanbetern besucht.

Infobox
Karte K4 ■ Hantverkargatan 1 ■ +46 8 5082 9058 ■ Bus 3, 53 ■ Tunnelbana: Rådhuset ■ www.stockholm.se/cityhall

■ Stadshuset: nur Führungen, tägl. (Details siehe Website); Turm: tägl.

■ Eintritt: Stadshuset: Erwachsene 130 Kr, Studenten & Senioren 110 Kr, Kinder (7–19 Jahre) 50 Kr, unter sieben Jahren frei; Turm: 80 Kr, Kinder unter 12 Jahren frei

■ Gute Fotos gelingen vom Fußweg auf der östlich des Stadshuset gelegenen Eisenbahnbrücke aus.

■ Neben dem Rathaus, Richtung Norr Mälarstrand, verkauft ein Kiosk Eis sowie heiße und kalte Getränke.

Schloss Drottningholm

Das Schloss und der Park entstanden im 17. und 18. Jahrhundert nach dem Vorbild französischer Anlagen wie Versailles. Der Komplex gehört seit 1991 zum UNESCO-Welterbe. Die Räume im Südflügel sind ständiger Wohnsitz der königlichen Familie, die anderen Teile des Gebäudes und die Außenanlagen können besichtigt werden. Mitte des 19. Jahrhunderts wurde das Anwesen wegen Baufälligkeit aufgegeben. Erst nach umfangreichen Renovierungsarbeiten ab 1907 konnte die königliche Familie das Schloss wieder nutzen.

1 Bibliothek
Die Bibliothek ließ Königin Lovisa Ulrika im 18. Jahrhundert von Jean Eric Rehn gestalten. Die Gemälde zeigen historische Ereignisse wie die Überquerung des Großen Belts in Dänemark 1658.

2 Naturlehrpfad
Der nahe dem Kina slott angelegte Pfad verlockt zu einem Spaziergang. Er bietet Informationen über Fauna, Flora und Kulturgeschichte der Insel Lovön, auf der sich Schloss Drottningholm befindet. Die Schilder entlang des Weges sind auch in Braille beschriftet.

3 Schlosstheater
Interieur, Bühnenbild und Bühnentechnik des Theaters von 1766 sind erhalten. Im Sommer werden vor allem Opern und Ballett aus dem 18. Jahrhundert zur Aufführung gebracht.

4 Prunkschlafzimmer von Hedvig Eleonora
Der Raum (unten) war im 17. Jahrhundert der bedeutendste Empfangssalon. Die Anfertigung des Dekors dauerte 15 Jahre.

Drottningholm « 25

5 Barockgarten
Der älteste Teil des Schlossparks *(unten)* ist im französischen Stil gehalten. Viele der Statuen stammen aus Städten, die das schwedische Heer einst eroberte, z. B. aus dem Palais Waldstein in Prag.

7 Wache-Zelt
Das im Stil eines türkischen Heerlagerzeltes erbaute Quartier *(oben)* für die Dragoner von König Gustav III. dient als Museum über Geschichte der königlichen Garde von Schloss Drottningholm.

8 Treppenhaus
Große Statuen der neun Musen zieren die Balustrade. Die Trompe-l'Œil-Malereien an den Wänden stammen von Johan Sylvius.

9 Atelier Evert Lundquists
Das Jugendstil-Atelier *(unten)* ist heute ein Museum. Zu sehen sind zahlreiche Arbeiten von Evert Lundquist (1904–1994).

Königliche Residenz
Drottningholm wurde im Jahr 1981 wieder offizielle königliche Residenz. Seit seiner Errichtung 300 Jahre zuvor war das Schloss den Launen der schwedischen Monarchen ausgesetzt, die es entweder schätzten oder vernachlässigten. Unter König Karl XIV. Johann (1818–1844) wurde Drottningholm gänzlich aufgegeben. Das Anwesen verfiel, bevor nacheinander Oskar I., Oskar II. und Gustav V. umfassende Renovierungsarbeiten durchführen ließen.

10 Dampfschifffahrten
Von Mai bis Oktober fahren Dampfer vom Fährterminal Stadshusbron neben dem Stockholmer Rathaus über den Mälaren nach Drottningholm. Informationen und Tickets bietet die Website www.stromma.se.

6 Kina slott
Der Pavillon war ein Geschenk von König Adolf Fredrik an seine Frau Lovisa Ulrika. Zur Zeit der Errichtung des Kina slott 1753 bestand großes Interesse an der chinesischen Kultur. Der Stil des Pavillons galt als »typisch chinesisch«.

Infobox
Karte G2 ■ +46 8 402 6100 ■ Tunnelbana: Brommaplan, dann Bus ■ Fähre ab Stadshuskajen *(siehe S. 107)* ■ www.kungligaslotten.se

■ Jan – März: Sa, So 12–15.30 Uhr; Apr: tägl. 11–15.30 Uhr; Mai–Sep: tägl. 10–17 Uhr; Okt: tägl. 10–16 Uhr; Nov–Dez: Sa, So 10–16 Uhr

■ Eintritt: Erwachsene 140 Kr, Studenten und Kinder bis 17 Jahre 70 Kr; Kombi-Ticket (inkl. Kina slott): Erwachsene 210 Kr, Studenten und Kinder bis 17 Jahre 110 Kr; Kinder unter 7 Jahren frei

■ Ein Tagesausflug zum Schloss Drottningholm lohnt sich auch für preisbewusste Reisende: der Eintritt für den weitläufigen Park und das Wache-Zelt ist frei.

■ Im Besucherzentrum gibt es Infomaterial, Tickets, einen Souvenirladen und ein Restaurant.

Kungliga slottet

Das »Königliche Schloss«, eine der Hauptattraktionen Stockholms, wartet mit mehr als 600 prunkvollen Räumen sowie kostbaren Juwelen und Kunstwerken auf. Es zählt zu den größten noch heute für repräsentative oder zeremonielle Zwecke genutzten Schlössern Europas. Das Schloss wurde von Nicodemus Tessin d. J. am Standort der Burg Tre Kronor errichtet, die 1697 abgebrannt war. Der Baustil erinnert an einen barocken italienischen Palazzo. Das Schloss beherbergt fünf Museen. Sehenswert ist der Wachwechsel der königlichen Garde.

② Bernadotte-Räume
Im Östra Åttkantiga Kabinettet empfängt der König Würdenträger. Auch die Bibliothek von Königin Lovisa Ulrika im Stil des 18. Jahrhunderts *(links)* ist beeindruckend.

③ Schlosskirche
In der prächtigen Kirche wird sonntags für die Angestellten des Hofes die Messe gelesen. Auch Besucher sind willkommen. Manchmal finden Konzerte statt.

① Museum Tre Kronor
Das an einem Verteidigungswall (12. Jh.) und in Gewölben (16./17. Jh.) untergebrachte Museum *(unten)* führt Besucher in die ursprüngliche Burg Tre Kronor. Der Vorläuferbau des heutigen Schlosses brannte 1697 fast vollständig ab.

④ Antikenmuseum Gustavs III.
Das Museum beherbergt u. a. eine Sammlung von antiken Statuen, die König Gustav III. 1783/84 bei einem Besuch in Italien erwarb.

⑤ Reichssaal
Im Reichssaal befindet sich der Silberthron von Königin Kristina. Kristina wurde im Alter von nur sechs Jahren zur Regentin Schwedens gekrönt. Sie dankte mit 28 Jahren ab.

⑥ Gästetrakt
Der Meleagersalongen verbindet Elemente des Rokoko und des gustavianischen Stils. Er birgt ein kostbares Schrankklavier aus Mahagoni und mit Pilastern aus Marmor.

Kungliga slottet « 27

⑧ Königliche Garde
Die königliche Garde (links), ein Regiment des schwedischen Heeres, bewacht das Schloss seit 1523. Täglich um 12 Uhr findet die gelegentlich von Musik begleitete Wachablösung statt.

Geschichte des Kungliga slottet

Das Schloss steht auf den Fundamenten der Burg Tre Kronor (13. Jh.), die im 16. Jahrhundert erweitert wurde. Ab 1692 wurde das Bauwerk von Nicodemus Tessin d. J. in ein Schloss verwandelt, das 1697 bis auf den Nordflügel abbrannte. Tessin legte der Regierung Pläne für ein neues Schloss vor, das innerhalb von fünf Jahren gebaut werden sollte. Es wurde jedoch erst 1754 fertiggestellt.

⑨ Galerie Karls XI.
Die Galerie ist Kulisse von Staatsbanketten. Alljährlich werden auch die Nobelpreisgewinner zum Diner in den prunkvollen Saal eingeladen.

⑩ Schatzkammer
In den Gewölben werden die schwedischen Reichsregalien verwahrt. Das silberne Taufbecken von 1696 wird bis heute bei königlichen Taufen genutzt.

⑦ Prunkräume
Die königliche Familie lebt seit 1981 auf Schloss Drottningholm (siehe S. 24f). Kungliga slottet wurde von ihren Vorfahren geprägt. Der Ballsaal (oben) zeigt die Eleganz des 18. Jahrhunderts.

Infobox

Karte M4 ■ Slottsbacken, Gamla stan ■ +46 8 402 6100 ■ Tunnelbana: Gamla stan, Kungsträdgården; Bus 2, 76 ■ www.kungliga slotten.se

■ Mai–Sep: tägl. 10–17 Uhr; Okt–Apr: tägl. 10–16 Uhr

■ Eintritt: Erwachsene 180 Kr, Studenten und Kinder bis 17 Jahre 90 Kr, Kinder unter 7 Jahren frei

■ Details zu Öffnungszeiten und Ticketpreisen der Museen siehe Website

■ Der Eintrittspreis beinhaltet eine 45-minütige Führung durch das Schloss.

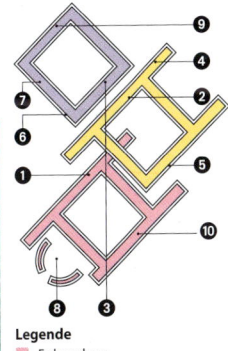

Legende
- Erdgeschoss
- Erster Stock
- Zweiter Stock

Gröna Lund

Schwedens ältester Vergnügungspark wurde im Jahr 1883 eröffnet. Der traumhaft am Wasser gelegene »Grüne Hain« bietet einen einzigartigen, alle Altersstufen ansprechenden Mix aus modernen Fahrgeschäften und altmodischem Flair. Monster, die jüngste Attraktion, ging 2021 in Betrieb. Karussells aus dem 19. Jahrhundert und traditionelle Schausteller bieten eine ruhigere Form der Unterhaltung. Auf dem Gelände finden auch Konzerte statt.

1 Achterbahnen
Der Park bietet mehrere Achterbahnen. Die Jetline erreicht eine Geschwindigkeit von 90 Kilometer pro Stunde. Nyckelpigan eignet sich für alle Altersgruppen. 2021 wurde mit Monster die bisher spektakulärste Achterbahn eröffnet.

2 Bühnen
Gröna Lund verfügt über eine kleine und eine große Bühne. Einige der dort veranstalteten Konzerte sind im Eintrittspreis für den Vergnügungspark inbegriffen, Großveranstaltungen mit Top Acts kosten extra.

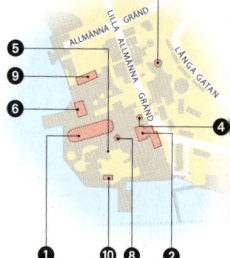

3 Cirkuskarusellen
Das wunderschöne, 1892 in Deutschland gebaute Karussell *(links)* mit Schweinen, Löwen und Pferden bereitet Kindern großen Spaß.

Gröna Lund « 29

④ Fritt Fall
Das Fahrgeschäft *(unten)* ist einer der höchsten Freifalltürme in Europa und nur für Gäste ohne Höhenangst und mit robustem Magen geeignet: Die Passagiere stürzen 80 Meter hinab. Beim Fritt Fall Tilt werden die Wagen zusätzlich nach vorne gekippt.

⑥ Lustiga Huset
Das »Lustige Haus«, eine Attraktion aus den 1920er Jahren, war Vorbild für ähnliche Anlagen auf der ganzen Welt. Verrückte Zimmer und wackelige Brücken sorgen für Vergnügen.

⑦ Restaurants & Bars
Neben Restaurants bietet Gröna Lund Bars sowie Kioske, die Waffeln und Eiscreme verkaufen. Auch mexikanische und Thai-Gerichte, Kebab, Falafel und Burger werden angeboten.

Geschichte von Gröna Lund
Erste Hauptattraktion des Parks war ein von Pferden gezogenes Karussell. Gustav Nilsson, Sohn des Parkgründers Jacob Schultheis, führte in den 1920er Jahren moderne Fahrgeschäfte ein. In den 1960er Jahren erlangte Gröna Lund als größtes Gelände für Open-Air-Konzerte enorme Popularität. Seinen Wurzeln bleibt der Park jedoch treu: Die meisten Bauten stammen aus dem 19. Jahrhundert.

⑧ Eclipse
Das 122 Meter hohe Kettenkarussell *(rechts)* vom Typ Starflyer bietet zwölf Doppelsitze. Während der Fahrt genießt man einen exzellenten Rundumblick auf Stockholm und Umgebung.

Spektakulär: Gröna Lund

⑤ Blå Tåget
Die klassische Geisterbahn *(unten)* von 1935 wurde 2011 erneuert. Fahrgäste werden seitdem mit moderner Technik erschreckt.

⑨ Kärlekstunneln
Der »Liebestunnel« führt durch eine glitzernde Märchenwelt – ideal für zärtliche Momente zu zweit.

⑩ Flygande Mattan
Wer bei dem »Fliegenden Teppich« an einen wilden Ritt à la Aladin denkt, wird nicht enttäuscht.

Infobox
- Karte R6 ■ Lilla Allmänna gränd 9 ■ +46 10 708 9100
- Tunnelbana: Karlaplan; Tram 7; Bus 67; Fähre von Slussen nach Djurgården
- www.gronalund.com
- Apr – Sep; variierende Öffnungszeiten & Eintrittspreise (Details siehe Website)
- Euro-Scheine (bis 50 Euro) werden an allen Eingängen und Ticketschaltern, in Souvenir- und Fotoläden sowie an Kiosken und Ständen angenommen. Das Rückgeld wird in Kronen ausbezahlt. Im Service-Center (Gästservice) können Euro in Kronen gewechselt werden.
- Der Vergnügungspark möchte auch Menschen mit Behinderung einen angenehmen Aufenthalt ermöglichen. Informationen gibt es im Service-Center links vom Haupteingang und online unter www.gronalund.com/accessibility.

Nordiska museet

Das »Nordische Museum« illustriert das schwedische Alltagsleben vom 16. Jahrhundert bis heute. Es wurde von Artur Hazelius gegründet, der auch Skansen *(siehe S. 12f)* ins Leben rief. Das Museum ist in einem beeindruckenden Gebäude im Renaissancestil ansässig. Die mehr als 1,5 Millionen Exponate bieten Besuchern bei der Erkundung verschiedener Aspekte der schwedischen Kulturgeschichte eine immense Auswahl.

❶ Traditionen
Warum und wann isst man in Schweden *semlor* (mit Marzipan und Schlagsahne gefüllte Hefeteilchen)? Welchen Ursprung hat die Mittsommerstange? Wie entstanden die Weihnachtsbräuche? Die Ausstellung über Feste im Jahresverlauf liefert Antworten.

❹ Fotografien
Zu sehen sind bekannte sowie einige seltene Werke *(links)* von Kerstin Bernhard (1914–2004), die sich u. a. der Modefotografie widmete.

❺ Tafelarrangements
Nachbildungen beleuchten die schwedische Esskultur vom 16. bis 20. Jahrhundert und die Entwicklung von Besteck und Trinkgefäßen.

❷ Hauptsaal
Die monumentale Statue, das Kernstück des großen Hauptsaals *(rechts)*, zeigt König Gustav I. Wasa. Sie wurde 1924 von Carl Milles aus Eiche gefertigt.

❻ Sámi-Kultur in Schweden
Die Sámi sind die nördlichste indigene Volksgruppe Europas. Die Ausstellung zeigt den traditionellen Lebensstil der Sámi und ihren Einfluss auf die schwedische Kultur.

❸ Puppenhäuser
Historische Puppenhäuser reflektieren Wohnkultur und Einrichtungsstil verschiedener Epochen.

Nordiska museet

August Strindberg
Der berühmte Schriftsteller, Regisseur, Maler und Fotograf (1849–1912) interessierte sich sehr für die Planung des Nordiska museet und steuerte selbst einige Ideen bei. Nach seinem Tod ging ein Großteil seines Besitzes an das Museum.

⑧ Schwedische Volkskunst (18./19. Jh.)
Die von Generation zu Generation überlieferte Volkskunst erlebte im 18. und 19. Jahrhundert eine Blütezeit. Bis heute übt sie großen Einfluss auf zeitgenössisches schwedisches Design aus *(oben)*.

⑨ Strindberg-Sammlung
Das Museum besitzt die größte Sammlung von Gemälden von Strindberg. 16 Bilder sind ausgestellt, dazu einige Originalmanuskripte und von Strindberg selbst aufgenommene Fotografien.

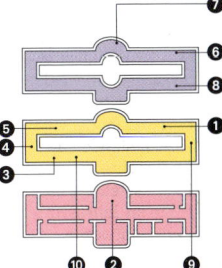

Legende
- Erdgeschoss
- Erster Stock
- Zweiter Stock

⑩ 1950er Jahre
Die Ausstellung *(unten)* zeigt Kleidung aus den 1950er Jahren, als die Mode von Wirtschaft und Wandel beeinflusst war. Zu sehen sind Alltags- und Festtagskleidung von modebewussten Damen aus der Stadt und vom Land.

Nordiska museet

⑦ Kleinobjekte 1700–1900
Die Sammlung ist Artur Hazelius zu verdanken, der ab 1872 Objekte sammelte. Er erwarb auf Reisen durch Schweden alle nur erdenklichen Haushaltsgegenstände, u. a. winzige Nadeln.

Infobox
- Karte Q4 ■ Djurgårdsvägen 6–16 ■ +46 8 5195 4600
- Tunnelbana: Karlaplan; Tram 7; Bus 67, 69, 76
- www.nordiskamuseet.se
- tägl. 10–17 Uhr (Sep–Mai: Mi bis 18)
- Eintritt: Erwachsene 140 Kr, Studenten & Senioren 120 Kr, Kinder unter 18 Jahren frei
- Mit mehrsprachigem Audioguide und Übersichtsplan lassen sich die Attraktionen des Museums in einer Stunde erkunden. Die Tour führt zu den Ausstellungsräumen und erläutert Geschichte und Architektur des Museums.
- Das Museumsrestaurant serviert traditionelle schwedische Gerichte.

Historiska museet

Das 1943 eröffnete Staatliche Historische Museum Schwedens widmet sich der Frühgeschichte des Landes mit Schwerpunkt auf dem Zeitraum von den ersten Siedlungen bis zum Mittelalter. Es ist vor allem für seine »Goldkammer« bekannt, hinter deren Stahlbetonmauern 52 Kilogramm Gold- und 250 Kilogramm Silberschätze lagern, die größtenteils aus der Epoche von der Bronzezeit bis zum Mittelalter stammen.

❶ Schlacht von Visby
Zahlreiche Objekte *(oben)* veranschaulichen die Schrecken der Schlacht von Visby (1361), bei der dänische Soldaten ein Bauernheer auf der Insel Gotland niedermetzelten.

❷ Viklau-Madonna
Skulpturen wurden in Schweden lange Zeit vor allem aus Holz gefertigt. Das reich vergoldete und farbenfrohe Marienbildnis datiert aus dem frühen Mittelalter und gilt als eine der besterhaltenen Darstellungen aus jener Zeit. Es stammt aus der auf der Insel Gotland gelegenen Kirche von Viklau.

❸ Guldrummet
Zu den Schätzen in der »Goldkammer« *(unten)* zählen Schmuckstücke aus der Bronzezeit und ein mit Edelsteinen besetztes Reliquiar aus dem Mittelalter.

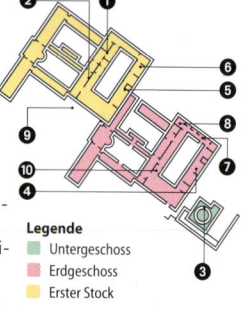

Legende
- Untergeschoss
- Erdgeschoss
- Erster Stock

Historiska museet « 33

4 Wikinger
Die neben verzierten Schwertern ausgestellten Alltagsgegenstände *(oben)* zerstören viele Mythen, die sich um die Wikinger ranken. Sie belegen, dass diese Völkergruppen auch ein friedliches Leben als Kaufleute führten.

5 Kunst des Mittelalters
Die einzigartige Ausstellung zeigt dekorative sakrale Objekte wie kunstvolle Altarbilder und Holzschnitzereien sowie religiöse Kunst aus dem 12. bis 16. Jahrhundert.

6 History Unfolds
Die faszinierende Ausstellung beleuchtet die Geschichte Schwedens und ihren Einfluss auf die moderne Gesellschaft. Die Auswahl der Exponate liefert viele neue Denkanstöße.

7 Alunda-Elch
Der aus Stein gefertigte Elchkopf diente als Zeremonialaxt. In der Steinzeit symbolisierten Tiere wie Elche und Bären die Götter.

8 Funde aus der Bronzezeit
Die wertvollen, rund 3000 Jahre alten Artefakte wurden oft durch Zufall entdeckt. In Skåne wurden z. B. einige Bronzefiguren *(links)* gefunden, 1847 stolperten ein Leutnant und seine Tochter bei einem Spaziergang über eine goldene Schale. 1859 grub eine Witwe einen Goldbecher aus. Sie erhielt dafür rund sechs Monatslöhne.

Bronzetüren
Die Bronzetüren des Historiska museet heißen *Historiens Portar* oder »Tore der Geschichte«. Der schwedische Bildhauer Bror Marklund benötigte 13 Jahre für die Herstellung. Die Gravuren zeigen Szenen aus Schwedens Geschichte von der Steinzeit bis zum Mittelalter. Die Pilsenerflasche aus den 1950er Jahren auf der rechten Tür ist eine Hommage an die Arbeiter, die das Museum errichteten.

9 Geschichte Schwedens
In der Ausstellung wird die Historie des Landes ab dem 11. Jahrhundert anhand der Lebensgeschichten berühmter und weniger bekannter Personen nachvollzogen.

10 Frau von Barum
Das 1939 gefundene Skelett *(oben)* stammt aus der Steinzeit. Analysen ergaben, dass die Frau 155 Zentimeter groß war, im Alter von etwa 45 Jahren starb und mehrere Kinder geboren hatte. Sie wurde sitzend in einer Grube begraben.

Infobox
Karte Q2 ■ Narvavägen 13–17 ■ +46 8 5195 5600 ■ Tunnelbana: Karlaplan, Östermalmstorg; Tram 7 bis Djurgårdsbron; Bus 67, 69, 76 ■ www.historiska.se

■ Juni–Aug: Di–So 10–17 Uhr; Sep–Mai: Di–So 11–17 Uhr (Mi bis 20 Uhr)

■ Für viele der Ausstellungen im Historiska museet sind Audioführer in verschiedenen Sprachen erhältlich.

■ Für Kinder jeden Alters gibt es eine Reihe von Aktivitäten, darunter einen Geschichtspfad von der Wikingerzeit bis ins Mittelalter, Führungen, Audioguides und Themenwochenenden.

■ Das Restaurant Rosengården kann auch ohne Eintrittskarte für die Ausstellungen besucht werden. Es bietet Mittagsgerichte, Snacks und Getränke.

Hagaparken

Der nördlich der Stadt gelegene, weitläufige historische Park zählt zu den beliebtesten Grünanlagen Stockholms. König Gustav III. ließ das Areal Ende des 18. Jahrhunderts im englischen Stil gestalten. Zwischen den rund 26 000 Bäumen erstrecken sich Rasenflächen und Fußwege. 1786 bis 1793 entstanden u. a. die Kinesiska pagoden, die Koppartälten und der Ekotemplet. Der Park bezaubert zu jeder Jahreszeit.

1 Stora Pelousen
Das Areal – *pelouse* bedeutet im Französischen Liegewiese – dient den Stockholmern seit 200 Jahren als Erholungsfläche. Im Sommer suchen viele Sonnenhungrige, im Winter Skiläufer das Gelände auf.

2 Cafés
Die Koppartälten beinhalten ein Café und einen Picknickraum. Ein weiteres Café im Park serviert frisch gebackene Zimtschnecken und Imbisse.

3 Ekotemplet
Den »Echotempel« *(links)*, heute ein Nationaldenkmal, ließ König Gustav III., der gern im Freien speiste, im Jahr 1790 als sommerliches Esszimmer erbauen.

4 Koppartälten
Die mit bemalten Kupferplatten verzierten »Zelte« *(oben)* erinnern an das Feldlager eines Sultans. Im mittleren Zelt befindet sich das Haga parkmuseum.

Infobox

Karte G2 ■ 4 km nördl. von Stockholm ■ +46 8 402 6100 ■ Tunnelbana: Odenplan, dann Bus 515 nach Haga södra; Bus 57 von Slussen, Sergels torg & weiteren Haltestellen Richtung Karolinska Sjukhuset bis Haga norra / Haga södra ■ www.kungligaslotten.se

Park: ganzjährig

Fjärilshuset: +46 8 730 3981; tägl. 10–17 Uhr; Eintritt: Erwachsene 240 Kr, Senioren 190 Kr, Kinder (3–15 Jahre) 140 Kr, Kinder unter drei Jahren frei; www.fjarilshuset.se

Haga parkmuseum: bis auf Weiteres geschl.

Pavillon Gustavs III.: Juni – Aug: Di – So (nur Führungen); Eintritt: Erwachsene 120 Kr, Studenten & Kinder bis 17 Jahre 60 Kr, Kinder unter 7 Jahren frei

■ Einen kostenlosen englischsprachigen Audioführer gibt es als Web-App (https://webapp.onspotstory.com).

Hagaparken « 35

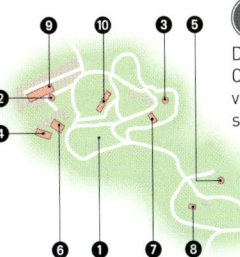

6 Hagaparkmuseum

Das Museum zeigt das Originalmodell des nie vollendeten Lustschlosses, dessen Bau König Gustav III. wenige Jahre vor seiner Ermordung initiierte. Außerdem bietet es interessante Informationen über Personen, die mit dem Schloss in Verbindung stehen.

Carl Michael Bellman

Der Dichter und Komponist Carl Michael Bellman (1740–1795) wurde von König Gustav III. gefördert. Viele von Bellmans Liedern sind mit dem Park verbunden. Sein populärstes Lied, *Fjäriln vingad syns på Haga*, beschreibt die Schönheit des Parks. Es kann von vielen Schweden auswendig vorgetragen werden.

7 Pavillon Gustavs III.

Das Schloss *(oben)* wurde 1787 nach dem Vorbild antiker Villen in Pompeji erbaut. Die römische Stadt war wenige Jahrzehnte zuvor wiederentdeckt worden.

9 Fjärilshuset

Im »Schmetterlingshaus« herrschen selbst im tiefsten Winter Temperaturen um 25 °C. In den Gewächshäusern gedeiht ein tropischer Regenwald, den bunte Schmetterlinge *(unten)*, exotische Insekten, Spinnen und Papageien bevölkern.

5 Kinesiska pagoden

Die achteckige offene Pagode stammt aus dem Jahr 1787. Das zeltförmige Dach wurde mit Glocken und Drachenköpfen verziert. 1974 wurden bei einer Restaurierung die Eichen durch Kunststoffköpfe ersetzt.

8 Turkiska kiosken

Im »Türkischen Kiosk« (1788) traf sich König Gustav III. mit seinen Beratern. Die Originalmöbel verteilen sich derzeit auf andere Schlösser, sollen aber in Zukunft wieder im »Kiosk« zu sehen sein.

10 Schlossruine

Die Arbeiten an dem Lustschloss *(links)* begannen 1786, wurden aber nach der Ermordung König Gustavs III. eingestellt und nicht wieder aufgenommen.

Themen

Gotischer Innenraum der Stockholmer
Domkirche Storkyrkan

Historische Ereignisse	**38**	Cafés	**52**
Kirchen	**40**	Restaurants	**54**
Museen & Sammlungen	**42**	Shopping: Skandinavisches Design	**56**
Parks & Gärten	**44**	Kostenlose Attraktionen	**58**
Unbekanntes Stockholm	**46**	Festivals & Veranstaltungen	**60**
Kinder	**48**		
Kneipen & Bars	**50**		

TOP 10 Historische Ereignisse

① 1252: Gründung Stockholms

Stockholm wird im 13. Jahrhundert erstmals schriftlich erwähnt. Der sich von *stock* (Baumstamm) und *holm* (kleine Insel) ableitende Name bezog sich wohl auf die Holzbauten im Gebiet von Gamla stan, insbesondere auf die 1252 errichtete Burg des Regenten Birger Jarl. Diese schützte die Passage vom Mälaren zur Ostsee, eine wichtige Handelsstrecke der Hanse. An der Stelle der ursprünglichen Burg steht heute das Kungliga slottet.

② 1520: Stockholmer Blutbad

Das Ringen Dänemarks um die Herrschaft über Schweden gipfelte 1520 in der Hinrichtung von über 80 Anhängern Sten Stures, die vor allem dem Adel und Klerus angehörten. Das Blutbad auf dem Stortorget vor der Burg Tre Kronor fachte den Widerstand gegen die Dänen an.

③ 1523: König Gustav I. Wasa

Der dem Stockholmer Blutbad entkommene Adlige wurde nach seiner erfolgreichen Rebellion gegen Dänemark am 6. Juni 1523 zum König gekrönt. Seine 37-jährige Regentschaft, in der er das Land einte und den evangelisch-lutherischen Glauben etablierte, wird als Geburt des modernen Schwedens erachtet.

Porträt von Gustav I. Wasa

④ 1792: Ermordung Gustavs III.

Als Förderer der Künste gründete Gustav III. u. a. die Svenska Akademien und die Königliche Oper. Zudem setzte er Reformprozesse in Gang. Der Widerstand gegen seine absolutistische Herrschaft und seine teure Außenpolitik gipfelte in einem Attentat: Gustav II. wurde am 16. März 1792 angeschossen und verstarb zwei Wochen später.

⑤ 1871: Industrialisierung

Mit dem Bau der Eisenbahnlinie in Nord-Süd-Richtung begann Stockholms Industrialisierung. Nach der Gründung der Telefongesellschaft Ericsson im Jahr 1876 wurde die Hauptstadt mit einem weitflächigen Telefonnetz ausgestattet.

⑥ 1912: Olympische Spiele

Das für die Olympischen Sommerspiele 1912 erbaute Stadion wird noch heute für Sportveranstaltungen und Konzerte genutzt. Die exzellent organisierten Spiele, bei denen erstmals elektronische Zeitmessung und Zielfotografie zum Einsatz kamen, galten als »Schwedisches Meisterstück«.

Stockholmer Blutbad (Radierung)

Historische Ereignisse » 39

⑦ 1936: Aufstieg der Sozialdemokraten

Die Sozialdemokratische Arbeiterpartei Schwedens dominierte von 1936 bis in die 1980er Jahre die Politik des Landes. Sie etablierte den modernen Wohlfahrtsstaat. In den 1930er und 1940er Jahren gab es kaum noch Armut in Schweden, fast das ganze Land war an das Strom- und Straßennetz angebunden. Die Partei prägte auch die Entwicklung Stockholms im 20. Jahrhundert.

⑧ 1965: Millionenprogramm

Die Reaktionen auf das Programm, bei dem eine Million Wohnungen gebaut wurden, waren gemischt. Kritiker bemängelten die einfallslose Architektur der Wohnblöcke.

Olof Palme im Jahr 1980

⑨ 1986: Ermordung Olof Palmes

Die Ermordung des beliebten Ministerpräsidenten am 28. Februar 1986 in Stockholm traf Schweden ins Mark. Palme wurde nach einem Kinobesuch erschossen, der Mord wurde nie aufgeklärt.

⑩ 21. Jahrhundert

Schweden gilt als Land mit stabiler Wirtschaft und als führend in vielen Bereichen von Technologie und Design. Gleichberechtigung wird großgeschrieben. In verschiedenen Erhebungen wurden Schweden innerhalb Europas bezüglich der Lebensqualität, der schulischen Bildung und der Demokratie Spitzenplätze zuerkannt.

Historische Persönlichkeiten

Denkmal für Astrid Lindgren

1 Königin Kristina (1626–1689)
Kristina »kultivierte« eine Kriegernation, indem sie Gelehrte und Philosophen nach Stockholm einlud. Später ging sie nach Rom und trat zum Katholizismus über.

2 Carl von Linné (1707–1778)
Der Botaniker begründete die biologische und zoologische Taxonomie und reiste weit bei der Erforschung der Arten.

3 Alfred Nobel (1833–1896)
Der Inhaber von 355 Patenten begründete mit seinem Vermögen den Nobelpreis.

4 August Strindberg (1849–1912)
Der Vater der modernen schwedischen Literatur war auch Maler und Fotograf. Er schrieb mehr als 60 Dramen und zehn Romane.

5 Tage Erlander (1901–1985)
Der schwedische Ministerpräsident war 23 Jahre im Amt.

6 Dag Hammarskjöld (1905–1961)
Der UN-Generalsekretär (ab 1953) kam bei einem Flugzeugabsturz im heutigen Sambia ums Leben.

7 Greta Garbo (1905–1990)
Der Hollywoodstar beendete seine Karriere mit 43 Jahren.

8 Astrid Lindgren (1907–2002)
Die *Pippi-Langstrumpf*-Reihe der Kinderbuchautorin wurde in 64 Sprachen übersetzt.

9 Ingmar Bergman (1918–2007)
Der Regisseur von über 60 Filmen ist für einige seiner Kollegen der wohl größte Filmkünstler.

10 Olof Palme (1927–1986)
Der zweimalige Ministerpräsident prägte die Innen- und Außenpolitik Schwedens.

TOP 10 Kirchen

1. Tyska Kyrkan
Die »Deutsche Kirche« aus dem 17. Jahrhundert erinnert daran, dass im Mittelalter viele deutsche Kaufleute in der Stockholmer Altstadt lebten. Sie ist der hl. Gertrud, der Schutzpatronin der Reisenden, geweiht. Die 1672 erbaute Galerie war Mitgliedern des deutschen Königshauses vorbehalten *(siehe S. 88)*.

Buntglasfenster, Tyska Kyrkan

2. Storkyrkan
Die Geschichte der Stockholmer Domkirche reicht bis ins 13. Jahrhundert zurück. Bernt Notkes Skulptur des hl. Georg mit dem Drachen von 1489 erinnert an die Schlacht am Brunkeberg. Das *Vädersolstavlan* genannte Gemälde, das Nebensonnen über Stockholm im Jahr 1535 zeigt, gilt als älteste farbige Ansicht der Stadt *(siehe S. 86)*.

3. Högalidskyrkan
Karte B5 ▪ Högalids Kyrkväg ▪ +46 8 616 8800 ▪ tägl. 10–17 Uhr

Die im nationalromantischen Stil erbaute Kirche wurde 1923 vollendet. Angeblich wurde der Bau von zwei Schwestern finanziert, die unterschiedlich wohlhabend waren. Aus einer bestimmten Perspektive betrachtet, scheint einer der beiden Türme den anderen zu überragen – beide sind jedoch 84 Meter hoch.

4. Gustav Vasa Kyrka
Karte B2 ▪ Odenplan ▪ +46 8 5088 8600 ▪ Mo–Do 11–18 Uhr, Fr–So 11–15 Uhr

Die Kuppel der nach Gustav I. Wasa benannten Kirche (1906) zeigt den Stil des italienischen Neubarock. Den Altar ziert Schwedens größte Barockskulptur, die Burchardt Precht 1725 bis 1731 für den Dom zu Uppsala schuf.

5. Adolf Fredriks Kyrka
Karte L1 ▪ Holländargatan 16 ▪ +46 8 207 076 ▪ Mo 13–18 Uhr, Di, Mi, Fr–So 10–16 Uhr, Do 10.30–16 Uhr

Die 1774 vollendete Kirche besitzt den Grundriss eines griechischen Kreuzes und eine zentrale Kuppel. Sie birgt ein Denkmal für den französischen Philosophen Descartes von Johan Tobias Sergel. Auf dem Friedhof liegt der frühere schwedische Ministerpräsident Olof Palme *(siehe S. 39)* begraben.

6. Riddarholmskyrkan
Karte L5 ▪ Birger Jarls torg ▪ +46 8 402 6100 ▪ Mai–Sep: tägl. 10–17 Uhr ▪ Eintritt ▪ www.kungligaslotten.se

Die Kirche ist seit dem Mittelalter königliche Begräbniskirche und eines der ältesten Bauwerke Stockholms: Teile stammen aus dem 13. Jahrhundert *(siehe S. 85)*.

Riddarholmskyrkan

Kirchen « 41

Hauptschiff der Sofia Kyrka im nationalromantischen Stil

⑦ Sofia Kyrka
Karte E6 ◼ Vitabergsparken
◼ +46 8 615 3100 ◼ Mo – Fr 9–17 Uhr, Sa, So 10–17 Uhr

Die Kirche von 1906 steht auf einer Anhöhe im Vitabergsparken. Sie wurde von Gustaf Hermansson in gotisch und nationalromantisch beeinflusstem Stil gestaltet.

⑧ Maria Magdalena Kyrka
Karte M6 ◼ Bellmansgatan 13
◼ +46 8 462 2940 ◼ Mo – Mi, Fr, Sa 11–17 Uhr, Do 11–19 Uhr

Die Kirche mit dem gelben Turm ging aus einer Grabkapelle (14. Jh.) hervor. Nach der Zerstörung durch einen Brand entstand 1763 das heutige Gotteshaus. Auf dem Friedhof der Kirche liegt der schwedische Nationaldichter und Sänger Evert Taube begraben.

⑨ Katarina Kyrka
Karte D5
◼ Högbergsgatan 13
◼ +46 8 743 6800 ◼ Mo – Sa 11–17 Uhr, So 10–17 Uhr

Die 1695 vollendete Kirche wurde 1723 durch ein Feuer beschädigt, 1990 brannte sie fast vollständig ab. Die Renovierungsarbeiten dauerten fünf Jahre. Auf dem Friedhof der Katarina Kyrka sind viele bedeutende Persönlichkeiten bestattet, so auch die ermordete schwedische Außenministerin Anna Lindh.

⑩ Engelbrektskyrkan
Karte D1 ◼ Östermalmsgatan 20b ◼ +46 8 406 9800 ◼ Di – So 11–15 Uhr

Die imposante dunkelrote, im Jahr 1914 fertiggestellte Kirche in Lärkstaden in Östermalm besitzt einen schlanken Turm und das höchste Kirchenschiff Skandinaviens, das von acht Granitpfeilern getragen wird. Die Monumentalgemälde schuf Olle Hjortzberg.

Museen & Sammlungen

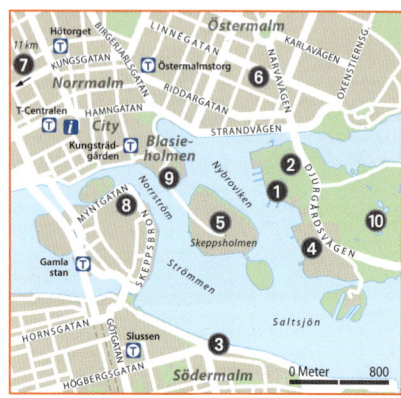

1. Vasamuseet
Die *Vasa*, das einzige erhaltene Kriegsschiff des 17. Jahrhunderts, sank 1628 bei ihrer Jungfernfahrt wegen Konstruktionsfehlern. Erst 1961 wurde das Schiff geborgen. Das Museumsgebäude, dessen Dach drei hoch aufragende Masten zieren, ist eine architektonische Attraktion *(siehe S. 14f)*.

2. Nordiska museet
Das Museum illustriert anhand von Ausstellungen über Traditionen, Volkskunst, Textilien, Mobiliar, Mode und Trends die Alltagskultur Schwedens im Lauf der Jahrhunderte. Es ist in einem prachtvollen Gebäude am Djurgårdsvägen untergebracht *(siehe S. 30f)*.

3. Fotografiska
Das als Zentrum für zeitgenössische Fotografie eröffnete Museum befindet sich in einem direkt am Wasser gelegenen einstigen Industriegebäude im Jugendstil. Es zeigt jährlich vier große und 20 kleine Ausstellungen. Das Café im Museum bietet Mittagsgerichte und Snacks *(siehe S. 94)*.

4. ABBA The Museum
Die Popgruppe ABBA beherrschte in den 1970er und 1980er Jahren die internationalen Charts und bescherte mit ihrem Erfolg auch Stockholm und Schweden große Aufmerksamkeit. Das Museum zeigt Kostüme, goldene Schallplatten und andere Erinnerungsstücke. Besucher können gemeinsam mit 3-D-Hologrammen von Agnetha, Björn, Benny und Anni-Frid Hits schmettern. Für alle ABBA-Fans ist ein Besuch des Museums ein Muss *(siehe S. 78)*.

Museen & Sammlungen « 43

Moderna musset auf Skeppsholmen

⑤ Moderna museet
Die Sammlung mit Kunst des 20. Jahrhunderts gilt als eine der weltweit besten ihrer Art. Das Moderna museet beinhaltet Werke von Pablo Picasso, Henri Matisse und Salvador Dalí. Der Bestand wird ständig durch zeitgenössische Arbeiten erweitert. Auch Fotokunst von den 1840er Jahren bis heute ist zu sehen *(siehe S. 86)*.

⑥ Historiska musset
Das Staatliche Historische Museum Schwedens widmet sich der Zeit von den ersten Siedlern bis zum Mittelalter. Die Wikingerausstellung, der Guldrummet und die Frau von Barum – ein Skelett aus der Steinzeit – sind besonders beeindruckend *(siehe S. 32f)*.

Schloss Drottningholm

⑦ Schloss Drottningholm
Das Schloss (17. Jh.) mit dem großen Park ist Wohnsitz der königlichen Familie und eine von drei UNESCO-Welterbestätten in Stockholm. Besucher können die prachtvollen historischen Interieurs ganzjährig besichtigen *(siehe S. 24f)*.

⑧ Kungliga slottet
Das 1697 bis 1754 im Stil von Barock, Rokoko und gustavianischem Klassizismus errichtete Schloss wird bis heute von der Königsfamilie genutzt. Die Prunksäle, die Schatzkammer und das Museum lohnen den Besuch *(siehe S. 26f)*.

Gemälde im Nationalmuseum

⑨ Nationalmuseum
Das Nationalmuseum präsentiert neben Gemälden und Skulpturen von großen Meistern wie Rembrandt, Renoir, Rubens, Degas und Gauguin auch Werke der schwedischen Künstler Anders Zorn und Carl Larsson. Es gibt auch Wechselausstellungen *(siehe S. 85)*.

⑩ Skansen
In dem Freilichtmuseum sind historische Gebäude aus ganz Schweden versammelt, inklusive eines Stadtviertels aus dem 19. Jahrhundert. In Werkstätten, z. B. in einer Glasbläserei, wird traditionelles Handwerk gepflegt. Auf dem Areal befinden sich auch Konzertbühnen, ein Rummelplatz und Gehege, in denen nordische Tierarten leben *(siehe S. 12f)*.

Parks & Gärten

1. Hagaparken
Der im englischen Stil gehaltene Park lockt mit von Bäumen gesäumten Spazierwegen, hübschen Rasenflächen und königlichen Bauwerken. Im Fjärilshuset sind exotische Schmetterlinge und Vögel zu bewundern. In den Koppartälten kann man sich mittags stärken *(siehe S. 34f)*.

2. Tantolunden
Der Park in Södermalm umfasst Cafés und einen Minigolfplatz. Im Sommer lädt er zum Picknicken ein. Ein Spaziergang auf die Kuppe des Hügels, die schöne Aussicht bietet, führt an Schrebergärten vorbei. Von Tanto nach Hornstull verläuft ein netter Uferweg *(siehe S. 95)*.

3. Stora Skuggan
Tunnelbana: Universitetet

Im Zentrum des beliebten Erholungsgebiets liegen ein Bauernhof für Kinder mit Streichelzoo und ein Gebäude aus dem 18. Jahrhundert mit einladendem Café.

4. Vasaparken
Der zwischen den Plätzen Sankt Eriksplan und Odenplan gelegene Park bietet viele Freizeitaktivitäten. Von November bis März gibt es auf dem Areal eine Kunsteisbahn *(siehe S. 73)*.

5. Kungsträdgården
Der viel besuchte »Königsgarten« liegt nahe den wichtigsten Einkaufsvierteln von Stockholm. Er wird von Cafés und Restaurants gesäumt. Im Frühjahr stehen die Kirschbäume in wunderbarer Blüte. Im Sommer werden Konzerte veranstaltet, im Winter gibt es Eislaufbahnen und einen Weihnachtsmarkt *(siehe S. 66f)*.

Blühender Kungsträdgården

Parks & Gärten « 45

Rosendals Trädgård, Djurgården

⑥ Djurgården
Karte G4 ■ Tram 7 nach Djurgården bis Haltestelle Skansen oder Endhaltestelle Waldermarsudde

Ein Besuch des Stadtteils und Parkgebiets sollte bei einem Stockholm-Aufenthalt nicht fehlen. Hier liegen einige der wichtigsten Museen und Sehenswürdigkeiten der Stadt, darunter das Freilichtmuseum Skansen (siehe S. 12f) und das Vasamuseet (siehe S. 14f). Der königliche Park bietet reizende Spazierwege und traumhafte Sicht aufs Wasser. Der dem biologischen Anbau gewidmete Garten Rosendals Trädgård (siehe S. 53) besitzt ein nettes Café.

⑦ Skinnarviksparken
Karte B5

Der Park wird gern zum Picknicken aufgesucht. An den langen Sommerabenden ist der Blick über den Riddarfjärden auf die City besonders schön. Auf dem Gelände steht die Stahlskulptur Progression von Arne Jones. Es gibt einen Kinderspielplatz und im Sommer ein Café.

⑧ Vitabergsparken
Karte E6

Auf der Freilichtbühne in dem hügeligen Park werden im Sommer kostenlose Konzerte und Tanzaufführungen veranstaltet. Am höchsten Punkt des Areals steht die 1906 geweihte Sofia Kyrka (siehe S. 41). Die hölzernen Arbeiterhütten am Rand des Parks erinnern daran, dass der heute schicke Stadtteil Södermalm einst ein Armenviertel war. Auch einer der ältesten Schrebergärten Stockholms (1906) befindet sich auf dem Gelände.

⑨ Bergianska Trädgården
Frescati, 5 km nördlich von Stockholm ■ Tunnelbana: Universitetet; Bus 50, 540 ■ Victoriahuset und Orangerie: Mai – Sep: tägl. 11–16 Uhr (Sa & So bis 17 Uhr); Eintritt ■ Edvard Andersons växthus: Di – Fr 11–16 Uhr, Sa & So 11 –17 Uhr; Eintritt ■ www.bergianska.se

Der nahe dem See Brunnsviken gelegene botanische Garten geht auf das 18. Jahrhundert zurück, 1885 wurde er an den jetzigen Standort verlegt. Seit 1993 steht die Anlage unter Denkmalschutz. Die Orangerie und das Edvard Andersons växthus bergen tropische Pflanzen. In der Orangerie gibt es ein Café.

Gewächshaus, Bergianska Trädgården

⑩ Humlegården

Der Park mit alten Eichen und gepflegten Rasenflächen datiert aus dem 16. Jahrhundert. Im Jahr 1869 wurde er der Öffentlichkeit zugänglich gemacht. Für junge Besucher birgt der Humlegården einen Kinderspielplatz und eine Skateboardrampe. Auf dem Gelände befindet sich die Kungliga Biblioteket. Im Humlegården serviert der Biergarten Omnipollos Flora u. a. Craftbeer und leckere Eiscreme aus Bier (siehe S. 77).

🔟 Unbekanntes Stockholm

Schwimmbecken des Sturebadet

① Sturebadet
Karte D2 ■ Sturegallerian 36 ■ Mo–Fr 6.30–22 Uhr, Sa & So 8.30–20.30 Uhr ■ Eintritt ■ www.sturebadet.se

Das 1885 eröffnete Bad besuchte bereits die große Greta Garbo. Die Anlage für Gäste ab 18 Jahren zählt zu den schönsten ihrer Art in Stockholm. Tageskarten kauft man bequem über die Website.

② Fjällgatans Kaffestuga
Karte E5 ■ Fjällgatan 37 ■ Apr–Sep: tägl. 9–22 Uhr (Sa & So ab 10 Uhr) ■ www.fjallgatan.com

In dem Sommercafé mit Sonnenterrasse genießt man zum Kaffee oder Eisbecher eine herrliche Aussicht auf Stockholm. Das Café liegt auf einer Anhöhe auf Södermalm und bietet freien Blick auf Gamla stan, Djurgården und den Schärengarten.

③ Hammarbybacken
Hammarby fabriksväg 111 ■ +46 771 840 000 ■ Winter: Mo–Fr 15–21 Uhr, Sa & So 9–18 Uhr ■ Eintritt ■ www.skistar.com/hammarbybacken

Ski fahren mitten in Stockholm – klingt unwahrscheinlich, ist aber möglich! Per Schlepplift gelangt man auf den Hügel, von dem fünf Abfahrten ins Tal führen. Ski und Schuhe können ausgeliehen werden.

④ Långholmen
Karte A4 ■ www.langholmen.com

Auf der Insel Långholmen kann man in einem ehemaligen Gefängnis übernachten. An Strafvollzug erinnert hier freilich nichts: Das grüne Eiland eignet sich perfekt für Wanderungen, ein Picknick und zum Schwimmen. Zum Hotel gehört ein Museum (siehe S. 116).

⑤ The Fishery Teatern
Karte D6 ■ Ringen centrum ■ Mo–Do 11–21 Uhr, Fr & Sa 11–22 Uhr, So 11–20 Uhr

Das kleine Seafood-Restaurant der prämierten Küchenchefin Malin Söderström serviert u. a. herzhaften Fischeintopf, kross gebratenen Fisch mit Bratkartoffeln, Fischtacos mit eingelegtem *regnbåge* und eine große Auswahl an Schaumweinen.

⑥ Hornstulls Marknad
Karte A5 ■ Hornstull, Södermalm ■ Apr–Sep: Sa & So 11–17 Uhr ■ www.hornstullsmarknad.se

Der Flohmarkt erstreckt sich über die gesamte Uferpromenade von Hornstull. Angeboten werden Kunst, Antiquitäten, Schallplatten und eine beachtliche Auswahl an Speisen.

Händler auf dem Hornstulls Marknad

Unbekanntes Stockholm « 47

Avicii Arena

⑦ Sweden Solar System
Avicii Arena, Globentorget 2
■ www.swedensolarsystem.se

Das weltweit größte maßstabsgetreue Modell des Sonnensystems erstreckt sich über ganz Schweden. Die Avicii Arena (siehe S. 101), das größte sphärische Gebäude der Welt, repräsentiert die Sonne.

⑧ Färgfabriken
Lövholmsbrinken 1
■ Ausstellung: Do–So 11–16 Uhr
■ Eintritt ■ www.fargfabriken.se

In den Hallen einer Farbenfabrik aus dem 19. Jahrhundert präsentiert sich Stockholms Kunstszene mit Ausstellungen und Events. Über das Veranstaltungsprogramm kann man sich online informieren.

⑨ Vinterviken
Zwischen Gröndal und Aspudden ■ www.vinterviken.com

Der pittoresk an einer Bucht des Mälaren gelegene Park war einst Standort des Labors und der Fabrik von Alfred Nobel (siehe S. 39). Der spätere Stifter des Nobelpreises testete und produzierte Mitte des 19. Jahrhunderts in den Anlagen Dynamit. Anfang des 20. Jahrhunderts wurde das Industriegelände in ein Erholungsgebiet verwandelt. In einem der ehemaligen Fabrikgebäude sind heute ein Café, ein Restaurant und Veranstaltungsräume untergebracht.

⑩ Spritmuseum
Karte E4 ■ **Djurgårdsstrand 9**
■ Mo–Mi & Sa 10–17 Uhr, Do & Fr 10–18 Uhr, So 12–17 Uhr ■ Eintritt
■ www.spritmuseum.se

Schweden mit seinen staatlich lizenzierten Spirituosenläden und seiner langen Geschichte des Schwarzbrennens von Schnaps hat zweifellos eine zwiespältige Haltung zum Alkohol. Das Museum widmet sich der Historie der Alkoholproduktion und der Trinkkultur. Das Restaurant im Haus ist erstklassig.

Restaurant im Spritmuseum

TOP 10 Kinder

Kungsträdgården: Eislaufen im Stockholmer Stadtzentrum

1 Junibacken
Karte Q4 ■ Galärvarvsvägen 8 ■ +46 8 5872 3000 ■ Tram 7; Bus 67 ■ Juli & Aug: tägl. 10–18 Uhr; Sep – Juni: tägl. 10–17 Uhr (Sa ab 9 Uhr) ■ Eintritt ■ www.junibacken.se
Das Museum widmet sich der Kinderliteratur. Am »Marktplatz der Geschichten« mit Kopfsteinpflasterstraßen und altmodischen Laternen leben schwedische Kinderbuchhelden. Ein Geschichtenzug führt in die Welt Astrid Lindgrens.

Junibacken

2 Fjäderholmarna
Auf der Insel werden Aktivitäten wie Töpfern und Stoffdruck angeboten. Kinder können auf einem Piratenschiff herumklettern und Wikinger spielen. Um die Insel verläuft ein befestigter Weg (siehe S. 16).

3 Eislaufbahnen
Im Winter öffnen die Freilufteislaufbahnen im Kungsträdgården (siehe S. 66f) im Stadtzentrum, am Medborgarplatsen (siehe S. 93) in Södermalm und im Vasaparken (siehe S. 73) in Vasastan. Ein paar Eishockeyplätze sind ebenfalls öffentlich zugänglich. Informationen bietet das Fremdenverkehrsbüro.

4 The Viking Museum
Karte R5 ■ Djurgårdsvägen 48 ■ Tram 7; Bus 67; Fähre ab Slussen ■ Mitte Juni – Aug: tägl. 10–18 Uhr; Sep – Mitte Juni: tägl. 11–17 Uhr ■ Eintritt ■ www.thevikingmuseum.com
Das Museum erweckt die Wikingerzeit zum Leben. Es bietet Einblick in verschiedene Aspekte der Kultur und des Alltagslebens der Wikinger. Die elfminütige Fahrt Ragnfrid's Saga führt in die Zeit um 963 n. Chr. zurück.

5 Tekniska museet
Karte G3 ■ Museivägen 7 ■ +46 8 450 5600 ■ tägl. 10–22 Uhr ■ Eintritt ■ www.tekniskamuseet.se
Das Technische Museum bietet Kindern Information und Inspiration. Die interaktive Zone MegaMind lädt zu Experimenten ein. Die Modelleisenbahn aus den 1950er Jahren begeistert alle Altersgruppen.

Kinder « 49

(6) Eriksdalsbadet
Hammarby slussväg 20 ▪ +46 8 5084 0250
▪ Eintritt

Das größte Schwimmbad Stockholms bietet einen Abenteuerbereich für Kinder. Das Hauptbecken in der Halle ist schön warm, 1,40 Meter tief und mit zwei Rutschen ausgestattet. Von Ende Mai bis Ende August hat das Freibad geöffnet.

(7) Gröna Lund
Der Vergnügungspark bietet allerlei Fahrgeschäfte und Attraktionen für Kinder aller Altersgruppen. Das Lustiga Huset und die traditionellen Fahrgeschäfte machen besonders viel Spaß (siehe S. 28f).

Achterbahn in Gröna Lund

(8) Mulle Meck
Gunnarbovägen 91, Solna
▪ +46 8 5148 3070 ▪ Bus 505, 540
▪ tägl. ▪ www.jarvastaden.se

Stockholm ist äußerst kinderfreundlich. Der Themenspielplatz Mulle Meck, der auf den beliebten Kinderbüchern von George Johansson und Jens Ahlbom basiert, verfügt über einen Flugzeughangar, Seilbahnen, ein Blumenlabyrinth und ein Amphitheater. Außerdem gibt es eine Kinderbibliothek.

(9) Naturhistoriska riksmuseet

In dem Museum können Kinder jeden Alters die Geschichte des Lebens auf der Erde erforschen, Dinosaurier bestaunen und auf einem Lehrpfad die Natur und Tierwelt Schwedens kennenlernen. Die Gedächtnisspiele und Aktivitäten wie das Geruchsquiz sind bei Kindern ebenfalls sehr beliebt. Das IMAX-Kino Cosmonova zeigt Dokumentationen und Lehrfilme (siehe S. 99).

(10) Skansen
Lill-Skansen bietet einen Spielplatz und viele Möglichkeiten, sich kleinen Tieren zu nähern. Auch in den historischen Gebäuden des Freilichtmuseums kommen junge Besucher voll und ganz auf ihre Kosten (siehe S. 12f).

Auf Entdeckungstour in Skansen

Kneipen & Bars

1. The Flying Elk
The Flying Elk bietet eine exquisite Auswahl regionaler und internationaler Craftbeer-Sorten sowie exzellente Speisen zu bezahlbaren Preisen. Das von Björn Frantzén geführte Lokal pflegt die schwedische Tradition genauso wie die britische Pubkultur *(siehe S. 91)*.

Elegantes Interieur des Riche

2. Riche
Vorbild für Ausstattung und Flair der 1896 eröffneten Bar war das Café Riche in Paris. In dem eleganten Ambiente wird heute schwedisch-französische Fusionsküche serviert. Die Gäste treffen sich dienstags bis samstags bei unkonventionellen DJ-Sets oder zum Frühstück *(siehe S. 80)*.

3. Snotty Sounds Bar
Musikliebhaber schätzen die kleine Bar. Plattencover und Fotos von Punk- und Indie-Legenden zieren die Wände. Nahezu jeden Abend legen DJs auf. In der Snotty Sounds Bar kann es sehr voll werden, aber das ist durchaus Teil ihres Charmes *(siehe S. 96)*.

4. Morfar Ginko & Pappa Ray Ray
Die beiden Lokale haben denselben Besitzer. Sie bieten eine entspannte Atmosphäre, exzellente Küche und eine für Stockholm außergewöhnliche Cava-Bar, die an der Theke Tapas serviert. Der Hinterhof ist im Sommer geöffnet *(siehe S. 96)*.

5. Café Tranan
In der gemütlichen Bar im Untergeschoss des Restaurants trifft sich die Musikszene von Vasastan und lauscht guten DJs. Die Bar ist am Wochenende sehr gut besucht, doch auch werktags ist die Atmosphäre lebendig. Brathering mit Kartoffelbrei ist ein Klassiker auf der Speisekarte *(siehe S. 74)*.

6. Nya Carnegiebryggeriet
Die beliebte Kleinbrauerei mit Restaurant in Hammarby sjöstad ist ein Joint Venture der Biermarken Brooklyn und Carlsberg. Besucher können zwischen mehreren köstlichen Craftbeer-Sorten wählen – vom Amber Ale bis zum J. A. C. K. IPA. Bei einem geführten Rundgang lernt man einiges über das Brauhandwerk *(siehe S. 103)*.

7. Kvarnen
Das Kvarnen ist eines der wenigen verbliebenen altmodischen Bierlokale in Stockholm. Zum Bier genießen Gäste traditionelle schwedische Gerichte. Die Mittagsmenüs sind besonders empfehlenswert. Als Vereinskneipe des Hammarby IF platzt das Kvarnen vor Heimspielen aus allen Nähten. Im Kontrast zum Retro-Charme des Bierlokals lockt der angrenzende Club mit einer

Das traditionelle Bierlokal Kvarnen

Kneipen & Bars « 51

schicken Ausstattung aus Chrom und blau-weißen Fliesen *(siehe S. 96)*.

⑧ Häktet
Die nette Bar liegt an der geschäftigen Hornsgatan, der Hauptstraße von Södermalm, im ruhigen Innenhof eines ehemaligen Gefängnisses. Das Häktet bietet drei Tresen und gute Speisen. Es hat Donnerstag bis Samstag bis drei Uhr morgens geöffnet und ist stets gut besucht *(siehe S. 96)*.

⑨ BrewDog Kungsholmen
Die Stockholmer Filiale der schottischen Craftbeer-Marke ist seit ihrer Eröffnung überaus beliebt. In der Bar werden alle bekannten Biere von BrewDog, darunter Punk IPA, ausgeschenkt. Außerdem werden regelmäßig Biere von befreundeten Brauereien angeboten. Dazu werden herzhafte Gerichte serviert *(siehe S. 74)*.

⑩ Landet
Das Landet liegt direkt an der Tunnelbana-Station Telefonplan. Das Restaurant mit Bar ist gleichzeitig eine hippe Konzert- und Club-Location und dementsprechend gut besucht. Einheimische schätzen die erstklassigen Biere und Weine sowie die bestens zubereiteten Cocktails. Im Obergeschoss treten im Rahmen von Clubkonzerten regelmäßig vielversprechende Newcomer auf *(siehe S. 103)*.

Clubs

Clubnacht im Trädgården

1 Trädgården
Hammarby slussväg 2
Im Sommer locken Livebands, Clubnächte, Bars und Streetfood.

2 Lilla Hotellbaren
Karte D5 ■ Folkungagatan 50–52
In der Lilla Hotellbaren legen Stars und Newcomer der DJ-Szene auf.

3 Debaser
Karte A5 ■ Hornstulls strand 4
Der Club lockt mit Livemusik, internationalen DJs und einem Restaurant.

4 Café Opera
Karte M3 ■ Karl XII:s torg
Der Club in einem historischen Gebäude (19. Jh.) lockt Gäste jeden Alters an.

5 Sturecompagniet
Karte D2 ■ Sturegatan 4
Vier Hallen auf zwei Ebenen mit jeweils eigenem Musikkonzept.

6 Spy Bar
Karte M1 ■ Birger Jarlsgatan 20
Man tanzt zu Musik von Funk über Alternative bis zu Disco, Rock und Pop.

7 Solidaritet
Karte M2 ■ Lästmakargatan 3
Das Solidaritet bietet Electronica von erstklassigen schwedischen und internationalen DJs.

8 Fasching
Karte C3 ■ Kungsgatan 63
Der klassische Club mit Jazz, Soul und Reggae begrüßt Gäste jeden Alters.

9 Berns
Karte N3 ■ Berzelii Park
Es locken ein großer Gastraum, mehrere Bars, eine Terrasse und DJs aus aller Welt.

10 Under Bron
Hammarby slussväg 2
Das Mekka von Stockholms Indie-Szene kommt jedes Wochenende in Schwung.

Cafés

① Johan & Nyström

Wem guter Kaffee wichtig ist, sollte der Rösterei Johan & Nyström einen Besuch abstatten. Hier bekommt man nicht nur exzellent gerösteten und gebrühten Kaffee, sondern kann auch einiges über die richtige Zubereitung zu Hause lernen. In dem Laden wird außerdem erlesenes Zubehör verkauft, das größtenteils aus Japan stammt *(siehe S. 96)*.

② Vete-Katten

Das 1928 eröffnete Vete-Katten (»Weizenkatze«) besitzt das Flair eines altmodischen schwedischen Cafés. Es bietet traditionelle regionale Kuchen mit reichlich Marzipan und andere Gebäcksorten. Der Eingang befindet sich an der geschäftigen Hauptstraße Kungsgatan, der ruhige Hinterhof ist im Sommer geöffnet *(siehe S. 68)*.

Eingang von Vete-Katten

③ Sosta

Das Sosta wird regelmäßig unter die besten Espressobars der Stadt gewählt. Die Ausstattung der Baristas mit einer »Uniform« aus blauen Hemden und gestreiften Krawatten ist für Schweden ungewöhnlich. Neben exzellentem Kaffee wird eine gute Auswahl an Gebäck geboten. In den Sommermonaten sind die Tische im Freien sehr begehrt *(siehe S. 68)*.

④ Saturnus

Das Saturnus setzt auf Dimension – von den riesigen Tassen mit dampfendem Milchkaffee bis hin zu den angeblich größten Zimtschnecken der Stadt. Zum Frühstück und mittags werden warme und kalte Gerichte angeboten. Die farbenfrohe Einrichtung ist französischen Stils *(siehe S. 80)*.

⑤ Sturekatten

Das ein wenig versteckt gelegene Café mit eigener Bäckerei in Östermalm zählt zu den beliebtesten Stockholms. Die aus dem frühen 20. Jahrhundert stammende Einrichtung ist unverändert. Das im Stil jener Zeit gekleidete Personal serviert die vermutlich besten *kanelbullar* (Zimtschnecken) der Stadt *(siehe S. 80)*.

⑥ Petite France

Die preisgekrönte Bäckerei mit Café in bester französischer Tradition liegt versteckt in einer Seitenstraße nahe dem Ufer des Mälaren. Sie lockt mit hervorragenden Croissants und Brioches sowie köstlichem Frühstück und Mittagsgerichten *(siehe S. 74)*.

7 Chokladkoppen
Das bei der LGBT+ Community beliebte Café am Stortorget, dem zentralen Platz in Gamla stan, ist für die hervorragenden Zimtbrötchen und die – namensgebenden – großen dampfenden Tassen mit heißer Schokolade bekannt. In dem Café kann man nach dem Sightseeing wunderbar entspannen *(siehe S. 90)*.

8 Mellqvist Kaffebar
Das traditionsreiche Café in Södermalm lockt zu jeder Tageszeit zahlreiche Gäste an, u. a. Künstler, Studenten und junge Eltern. Da der Gastraum vor Kurzem vergrößert wurde, finden Gäste nun leichter einen freien Platz. Dank Heizpilzen schmecken der Kaffee und die Kardamomschnecken auch im Winter an den Tischen im Freien *(siehe S. 96)*.

Brunch im Greasy Spoon

9 Greasy Spoon
Im Greasy Spoon genießt man Frühstück, Brunch und Mittagessen nach britischer Art. Auf der Karte stehen Eierspeisen in allen erdenklichen Variationen, wenn gewünscht, wird dazu eine Bloody Mary serviert. Da Reservierungen nicht möglich sind, muss man sich auf Wartezeiten einstellen oder frühzeitig erscheinen *(siehe S. 96)*.

10 Rosendals Trädgård
Im Sommer ist der Garten, in dem biologischer Anbau betrieben wird, ein Paradies. Für die im Café angebotenen Speisen werden ausschließlich Biozutaten verwendet. Außerdem gibt es eine Bäckerei und einen Laden. Setzen Sie sich im Frühling und im Sommer an einen Tisch im Freien oder nehmen Sie Ihr Tablett mit unter einen Apfelbaum. Das Café ist an den Wochenenden sehr gut besucht – an Werktagen geht es ein wenig ruhiger zu *(siehe S. 80)*.

Gewächshäuser und Café im Rosendals Trädgård

TOP 10 Restaurants

Modernes skandinavisches Design im Matbaren

1 Matbaren
Ein Besuch des Restaurants im Grand Hôtel ist ein kulinarisches Erlebnis. Dabei stehen nicht Opulenz, sondern Schlichtheit und Liebe zum Detail im Vordergrund. Die Speisekarte bietet schwedische Gerichte mit internationalen Einflüssen. Die Preise des exklusiven Restaurants sind gehoben *(siehe S. 91)*.

2 Rolfs Kök
Das beliebte Restaurant wird im Guide Michelin empfohlen. Es bietet moderne schwedische Küche mit Gerichten wie Schweinefleisch-Confit mit Kohl und Zwiebeln. Die hervorragende Weinkarte rundet das Angebot perfekt ab *(siehe S. 69)*.

3 Calexico's
Das Restaurant gehört zum benachbarten Club Debaser. Die einfallsreiche kalifornisch-mexikanische Bioküche bietet *quesadillas*, *burritos* und *tacos* mit Zutaten wie Limette, Koriander, Chili, Avocado und Mango *(siehe S. 97)*.

4 Lilla Ego
In dem Bistro bieten die preisgekrönten Köche Tom Sjöstedt und Daniel Räms saisonale Küche mit raffinierten Gerichten wie Wild mit Artischocken und Schweinefleisch-Tatar mit Rote-Bete-Püree. Die exquisiten Speisen und die angenehme Atmosphäre sorgen für großen Andrang und eine lange Warteliste *(siehe S. 75)*.

Steinbutt mit Blüten, Gastrologik

5 Gastrologik
Da sich die Speisenauswahl nach dem aktuellen Marktangebot richtet, arbeitet das Gastrologik ausschließlich mit Tageskarten. Gäste, die das Degustationsmenü mit 18- bis 20-Gängen wählen, erleben eine wunderbare kulinarische Reise durch die nordische Küche *(siehe S. 81)*.

6 Nytorget Urban Deli
Passend zur Lage in SoFo, besitzt das Restaurant mit Bar und Delikatessenladen New Yorker Flair. Die Atmosphäre ist entspannt. Das Nytorget Urban Deli ist bei Familien sehr beliebt *(siehe S. 97)*.

Restaurants

7. Ekstedt
Der für rustikale, gern über offenem Feuer zubereitete Speisen bekannte Starkoch Niklas Ekstedt eröffnete im Jahr 2011 sein Stockholmer Restaurant. Gäste genießen vier- oder sechsgängige Menüs mit außergewöhnlichen Köstlichkeiten wie getrocknetem Rentierfleisch oder auf Birkenholz gegarter Wildente *(siehe S. 81)*.

8. Meatballs for the People
Ein Möbelhaus hat schwedische Fleischbällchen in der ganzen Welt bekannt gemacht. Dieses Lokal bietet nicht weniger als 14 Varianten dieser Spezialität *(siehe S. 97)*.

9. Punk Royale
Das unkonventionelle Punk Royale lockt mit Spaß, Energie und Einfallsreichtum ein lebhaftes Stammpublikum an. Der Kaviar wird mit reichlich Wodka serviert, die Garnelenspieße »wachsen« aus Blumentöpfen *(siehe S. 97)*.

10. Sturehof
Das Fischrestaurant mit eleganter Einrichtung hat einen exzellenten Ruf. Die schwedisch-französischen Gerichte variieren nach Saison und werden von einer großen Auswahl an Weinen begleitet. Die Preise sind im Vergleich zu anderen Stockholmer Restaurants mit gehobener Küche moderat *(siehe S. 81)*.

Terrasse des Sturehof

Spezialitäten

Köttbullar

1 Fleischbällchen
Zu den aus Hackfleisch gefertigten *köttbullar* gibt es traditionell Kartoffelbrei und Preiselbeeren.

2 Zimtschnecken
Die in fast allen Cafés erhältlichen *kanelbullar* schmecken lecker zu Kaffee und Tee.

3 Smörgåsbord
Das Büfett mit kalten und warmen Gerichten setzt sich je nach Anlass und Jahreszeit unterschiedlich zusammen.

4 Pyttipanna
Kartoffeln und Fleisch oder Gemüse werden gewürfelt und zusammen gebraten.

5 Semla
Das mit Marzipanmasse und Schlagsahne gefüllte Gebäck wurde einst nur am Faschingsdienstag hergestellt.

6 Västerbotten-Käse
Der aus Kuhmilch hergestellte Hartkäse ist recht würzig. Auch Grevé und Prästost sind leckere Käsesorten.

7 Surströmming
Der in Dosen verpackte, vergorene rohe Hering wird im August verspeist. Die Konserven dürfen wegen des intensiven fauligen Geruchs nur im Freien geöffnet werden.

8 Moltebeeren
Die Beeren gedeihen nur in kaltem Klima. Zu Marmelade verarbeitet, schmecken sie mit Eiscreme und Waffeln.

9 Must
Der Geschmack des alkoholfreien Getränks, das vor allem zu Weihnachten und Ostern angeboten wird, erinnert an Malzbier.

10 Bier
In den Mikrobrauereien kann man verschiedene Sorten probieren.

TOP 10 Shopping: Skandinavisches Design

1 Granit
Karte D5 ▪ Götgatan 31
▪ +46 8 642 1068 ▪ www.granit.com
Die Produkte des Labels ermöglichen clevere neue Wege, die eigene Wohnung einzurichten, zu beleuchten und zu dekorieren.

2 Design House Stockholm
Karte D5 ▪ Götgatan 14 ▪ +46 8 5090 8101 ▪ www.designhousestockholm.com
In dem Flagship-Store der Kette kann man nach Wohnaccessoires, Porzellan und Bekleidung stöbern.

3 Marimekko
Karte D3 ▪ Norrmalmstorg 4
▪ +46 8 440 3275 ▪ www.marimekko.com
Die farbenfrohen Muster der finnischen Marke sind international bekannt. Diese Filiale führt Kleidung, Accessoires und Haushaltswaren in neuen und klassischen Designs.

4 Swedish Hasbeens
Karte E5 ▪ Nytorgsgatan 36a
▪ +46 8 702 0101 ▪ www.swedishhasbeens.com
Der Flagship-Store des Labels im trendigen SoFo bietet kühne und schöne Damen-Clogs, handgefertigt aus nachhaltigen Materialien und nach original schwedischen Entwürfen der 1970er Jahre.

Produkte bei Designtorget

5 Designtorget
Karte D5 ▪ Götgatan 31 ▪ +46 8 644 1678 ▪ www.designtorget.se
Der Laden bietet verschiedenste Accessoires in zeitlos schönem, funktionellem, vorwiegend skandinavischem Design.

6 Svenskt Tenn
Karte E3 ▪ Strandvägen 5 ▪ +46 8 670 1600 ▪ www.svenskttenn.se
Stoffe und Möbel aus dem Atelier des schwedisch-österreichischen Architekten und Designers Josef Frank bezaubern bis heute. Das seit 1927 bestehende Hauptgeschäft verfügt über ein Café und ein Studio.

Wohnaccessoires bei Svenskt Tenn

Shopping: Skandinavisches Design « 57

 Fillipa K
Karte D2 ■ Grev Turegatan 18
■ +46 8 5458 8888 ■ www.filippa-k.com

Das 1993 von Filippa Knutsson in Stockholm gegründete Modelabel wurde zum internationalen Erfolg. Im Flagship-Store in Östermalm werden die neuesten Kollektionen in elegantem Ambiente präsentiert.

Whyred
Karte D3 ■ Mäster Samuelsgatan 3 ■ +46 8 660 0170 ■ www.whyred.com

Die Kleidungsstücke, die Roland Hjort für Männer und Frauen entwirft, kennzeichen klare Linien und Formen sowie originelle Details. Der Designer ist in seinem Schaffen von Musik und Kunst beeinflusst. In dem Flagship-Store von Whyred in Östermalm sind die aktuellen Kollektionen erhältlich.

Designobjekte bei Grandpa

 Grandpa
Karte A3 ■ Södermannagatan 21
■ +46 8 643 6081 ■ www.grandpastore.com

In dem Laden zählt die Qualität des Produktes mehr als der Markenname. Kunden finden eine handverlesene Auswahl an Modeartikeln und Designobjekten vor.

 Acne Studios
Karte D3 ■ Norrmalmstorg 2
■ +46 8 611 6411 ■ www.acnestudios.com

Die internationale Erfolgsgeschichte des Modelabels begann 1997, als Jonny Johansson 100 Paar Jeans herstellte und an Freunde verteilte.

Skandinavische Designprodukte

Bunte Dalapferde

1 Dalapferde
Die handgeschnitzten, mit klassischen schwedischen Mustern bemalten Pferdchen gibt es in mehreren Größen.

2 String-Regalsysteme
Die filigranen Regale nach Entwürfen von Nils Strinning sind längst Designklassiker.

3 Block Lamp von Harri Koskinen
Ein schlichter Glasblock um eine Glühbirne – zeitloses finnisches Design.

4 Sandqvist-Rucksack
Die unkomplizierten und funktionellen Rucksäcke aus robustem Stoff sind zugleich sehr modisch.

5 Trull-Schneidebrett
Das Schneidebrett erinnert an die berühmten Entwürfe von Lisa Larson und bringt Farbe in die Küche.

6 Iittala-Kerzenständer
Die ebenso schlichten wie eleganten Kerzenständer nach finnischen Entwürfen erhellen auch die längste skandinavische Nacht.

7 Aretta-Kleid
Das schwarz-weiß gestreifte Baumwollkleid für jede Gelegenheit stammt von dem finnischen Label Marimekko.

8 Acne-Jeans
Stockholms bekanntester Jeansdesigner trifft mit seinen coolen Entwürfen den Nerv der Zeit.

9 RAINS
Das dänische Unternehmen produziert leichte, modische Regenmäntel, Taschen und Accessoires.

10 Berså-Kaffeeservice
Stig Lindberg entwarf im Jahr 1961 das berühmte Blättermotiv für Tassen und Untertassen der schwedischen Porzellanmanufaktur Gustavsberg.

TOP 10 Kostenlose Attraktionen

① Führung durch das Riksdagshuset
Karte D4 ■ Helgeandsholmen ■ +46 8 786 4862 ■ Ende Aug – Ende Juni: Sa & So 13.30 Uhr; Ende Juni – Ende Aug: Mo, Di & Fr 12 Uhr, 13 Uhr, 14 Uhr & 15 Uhr, Mi & Do 13 Uhr & 14 Uhr (auf Englisch) ■ www.riksdagen.se
Bei den Führungen erhält man Informationen über die Geschichte des Gebäudes und die Arbeit des Parlaments.

② Kunst in der U-Bahn
Das Stockholmer U-Bahn-System, die Tunnelbana, gilt als »die größte Kunstgalerie der Welt«. Viele Stationen enthalten Kunstwerke, von Skulpturen und Gemälden bis hin zu Videoinstallationen. Einige Stationen sind selbst Kunstwerke – in der Station Solna Centrum wird beispielsweise das unverputzte Grundgestein eindrucksvoll beleuchtet.

③ Kostenlose Clubnächte
Einige Clubs und Bars bieten bis zu einer bestimmten Uhrzeit – in der Regel vor Mitternacht – freien Eintritt. Im Debaser (siehe S. 51) erlebt man mitunter auch ein kostenloses Konzert.

④ Park von Schloss Drottningholm
Der weitläufige barocke Park und das Wache-Zelt sind gratis zugänglich. Mit der Erkundung kann man leicht einen ganzen Vormittag oder Nachmittag verbringen (siehe S. 24f).

Badegäste am Kanal von Långholmen

⑤ Schwimmen
Stockholms Wasserwege sind nicht nur schön anzusehen, die gute Wasserqualität ermöglicht auch das Schwimmen mitten in der Stadt. An warmen Tagen sind die Stege, Strände und Uferböschungen gut besucht.

⑥ Museen
Einige der besten Museen der Stadt, darunter das Moderna museet (siehe S. 86), das Nationalmuseum (siehe S. 85) und das Medelhavsmuseet (siehe S. 66), sind kostenlos zugänglich.

⑦ Zeitgenössische Kunst & aktuelles Design
In Stockholm kann man viele Kunstgalerien und Ausstellungsräume kostenlos besuchen. Dazu zählen die Bonniers Konsthall (siehe S. 72) und das Architekturzentrum ArkDes (siehe S. 88).

Park von Schloss Drottningholm

Kostenlose Attraktionen « 59

⑧ Livrustkammaren, Kungliga slottet
Karte D4 ▪ Slottsbacken 3 ▪ +46 8 402 3030 ▪ variierende Öffnungszeiten ▪ www.livrustkammaren.se

Die Rüstkammer in den beeindruckenden Gewölben des königlichen Schlosses (siehe S. 26f) gilt als das älteste Museum Schwedens. Ausgestellt sind Waffen und Rüstungen, Roben, die auf königlichen Hochzeiten und Krönungsfeierlichkeiten getragen wurden, und sogar blutgetränkte Gewänder, die Adelige bei ihrem gewaltsamen Tod trugen.

⑨ Camping in Stockholms Skärgård
In Schweden erlaubt das »Jedermannsrecht« (allemansrätten) allen Menschen, sich in der Natur und auf vielen privaten Grundstücken frei zu bewegen und ein Zelt aufzuschlagen, so auch in Stockholms Skärgård (siehe S. 16–19). Auf einigen ausgewiesenen Campingplätzen kann man sich gratis oder gegen geringe Gebühr mit Trinkwasser versorgen und die Toiletten nutzen.

⑩ Konzerte & Festivals
Stampen: www.stampen.se ▪ Popaganda: www.popaganda.se

Kostenlose Konzerte bieten das Stampen und das jährliche Festival Popaganda, bei dem auch international bekannte Acts auftreten.

Stockholm für wenig Geld

Flohmarkt, Blasieholmstorg

1 Auf den in Schweden *loppis* genannten Flohmärkten kann man preiswertes skandinavisches Design erstehen.

2 Das bezaubernde Stadtzentrum Stockholms ist kompakt und lässt sich gut zu Fuß zu erkunden.

3 Die SL Access Card (siehe S. 106) beinhaltet auch Fahrten mit den Fähren nach Djurgården (siehe S. 45). Vom Wasser aus hat man einen besonders schönen Blick auf die Stadt.

4 Mieten Sie ein Fahrrad von Rent a Bike (siehe S. 107) und nutzen Sie das gut ausgebaute Netz von Fahrradwegen.

5 Viele Restaurants und Cafés in Stockholm haben preiswerte, *dagens* genannte Mittagsangebote auf der Karte.

6 Packen Sie ein Picknick ein und suchen Sie sich ein schönes Plätzchen in einem der zahlreichen Parks (siehe S. 44f) oder an einem Strand in Stockholms Skärgård (siehe S. 16–19).

7 Cocktails und Spirituosen sind in Schweden ausgesprochen teuer. Es ist deshalb auch nicht üblich, dass man eine Runde ausgibt.

8 Machen Sie es wie die Schweden und bringen Sie sich in Stimmung, bevor Sie nachts Lokale und Clubs besuchen.

9 Für den Vergnügungspark Gröna Lund (siehe S. 28f) sind Pässe erhältlich, die während der Sommersaison freien Eintritt zu den Fahrgeschäften und Konzerten gewähren. Wer den Park mehrfach besuchen möchte, sollte einen Preisvergleich zwischen Pässen und Einzeltickets vornehmen.

10 Bei ausreichend dicker Eisdecke kann man auf dem zugefrorenen Mälaren den ganzen Abend lang umsonst Schlittschuh laufen.

Festivals & Veranstaltungen

Teilnehmer bei der Stockholm Pride

1 Stockholm Fashion Week
www.stockholmfashionweek.se
Der schwedische Modeverband organisiert zahlreiche Veranstaltungen. Im Januar/Februar sowie im August wird die Stockholm Fashion Week präsentiert, zudem finden Ausstellungen, Messen und Presseveranstaltungen statt.

2 Stockholm Marathon
www.stockholmmarathon.se
Der Marathon am letzten Samstag im Mai oder ersten Samstag im Juni lockt Läufer aus aller Welt an. Ziel ist das Olympiastadion. Frühe Anmeldung wird empfohlen.

Bunt: Stockholms Kulturfestival

3 BAUHAUS-galan
www.diamondleague-stockholm.com
Das internationale (nach dem Hauptsponsor benannte) Leichtathletik-Meeting Ende Mai oder Anfang Juni ist das größte jährliche Sportereignis in Schweden. Es wird im Olympiastadion abgehalten und ist Teil der IAAF Diamond League.

4 Stockholm Pride
www.stockholmpride.org
Höhepunkt des einwöchigen LGBT+ Pride-Festivals Ende Juli/Anfang August ist die Parade mit mehr als 50 000 Teilnehmern und ebenso vielen Zuschauern. Die Parade feiert Menschenrechte und Aufgeschlossenheit. Der Pride Park bietet Konzerte und Stände.

5 Stockholms Kulturfestival
www.kulturfestivalen.stockholm.se
Während des Festivals im August sind auf den Plätzen und Bühnen im Stadtzentrum Tanz, Theater und Konzerte zu erleben. Kinder haben die Möglichkeit, zu spielen, zu tanzen, zu singen und Geschichtenerzählern zu lauschen.

6 Midnattsloppet
www.midnattsloppet.com
Der »Mitternachtslauf« in Södermalm lockt im August Tausende Teilnehmer an. Der Startschuss fällt um 21.30 Uhr. Die Einteilung der Läufer in Startgruppen deckt alle Leistungsklassen ab. Neben ernst-

⑦ Popaganda
www.popaganda.se

Das Popfestival findet Ende August auf der Anlage des Schwimmbads Eriksdalsbadet *(siehe S. 49)* statt. Zwei Tage lang ist vor allem Indie-Pop von bekannten Musikern und aufstrebenden Talenten zu hören.

⑧ Stockholm Jazz Festival
www.stockholmjazz.se

Das Mitte Oktober stattfindende Jazzevent ist eines der ältesten Festivals in Schweden und eine der größten Veranstaltungen in Stockholm. Zehn Tage lang besuchen Tausende Musikliebhaber die rund 160 Konzerte an 36 Veranstaltungsorten in der ganzen Stadt.

Stockholm Jazz Festival

⑨ Stockholm International Film Festival
www.stockholmfilmfestival.se

Bei dem seit 1990 stattfindenden Festival werden alljährlich Mitte November zwei Wochen lang in der ganzen Stadt vor allem Filme von jungen, aufstrebenden Regisseuren gezeigt. Im August findet ein kleines Freiluftfilmfest statt.

⑩ Nobelpreisverleihung

Am 10. Dezember, dem Todestag Alfred Nobels, werden im Stockholmer Konserthuset die Nobelpreise verliehen. Die Auszeichnung wird in fünf Kategorien vergeben. Das nach dem Festakt im Stadshuset *(siehe S. 22f)* für 1300 geladene Gäste veranstaltete Bankett wird im Fernsehen übertragen.

haften Wettbewerbern entdeckt man auch Läufer in schrillen Kostümen.

Feste & Feiertage

1 Ostern
Zu Ostern gibt es für die Kinder bemalte Eier und in Papiereiern versteckte Süßigkeiten.

2 Walpurgisnacht, 30. April
Das traditionelle Frühlingsfest Valborg beinhaltet Lagerfeuer und Partys.

3 1. Mai
Am Tag der Arbeit finden traditionell Kundgebungen und Festlichkeiten im Stadtzentrum statt.

4 Christi Himmelfahrt, Mai / Juni
An den stets auf einen Donnerstag fallenden Feiertag schließen viele einen freien *klämdag* (Brückentag) an.

5 Nationalfeiertag, 6. Juni
Der Tag, an dem Gustav I. Wasa den Thron bestieg, ist seit dem Jahr 2005 offizieller Feiertag.

6 Mittsommerfest, Juni
Die Feiern (am Freitag um den 21. Juni) zur Sommersonnenwende in Skansen sind besonders beeindruckend.

7 Krebssaison, August
Auf Festen zu Hause oder an den vielen Stränden in Stockholms Umgebung pult man Krebse und trinkt Schnaps.

8 Luciafest, 13. Dezember
Weiß gekleidete Mädchen singen bei Kerzenprozessionen in Schulen, Kirchen, Büros etc. Weihnachtslieder. Es werden Safranschnecken gegessen.

9 Weihnachten, 24. – 26. Dezember
Am Weihnachtsabend feiern die Familien mit einem traditionellen *julbord*, einem weihnachtlichen *smörgåsbord*.

10 Silvester, 31. Dezember
Kurz vor Mitternacht strömen die Einheimischen ausgelassen auf die Straßen. Der Jahreswechsel wird mit Feuerwerk gefeiert.

Krebse, Knäckebrot und Schnaps

Stadtteile

Stortorget, Stockholms ältester Platz
mit prächtigen historischen Gebäuden

Norrmalm & City	**64**
Kungsholmen & Vasastan	**70**
Östermalm & Djurgården	**76**
Gamla stan, Skeppsholmen & Blasieholmen	**84**
Södermalm	**92**
Abstecher	**98**

Norrmalm & City

Glasobelisk, Sergels torg

Der zentrale, meist als City bezeichnete Stadtbezirk Norrmalm wurde größtenteils in den 1960er und 1970er Jahren angelegt, als historische Bauwerke durch moderne Hochhäuser ersetzt wurden – eine bis heute umstrittene Maßnahme. In jüngster Zeit wurde Norrmalm jedoch aufgewertet. Filialen schicker Ladenketten, Schwedens größtes Kaufhaus Åhléns City sowie das exklusive NK bieten vielfältige Shoppingmöglichkeiten. In dem Viertel befinden sich einige hübsche Plätze und der Kungsträdgården – ein begrüntes Areal, das immer voller Leben steckt.

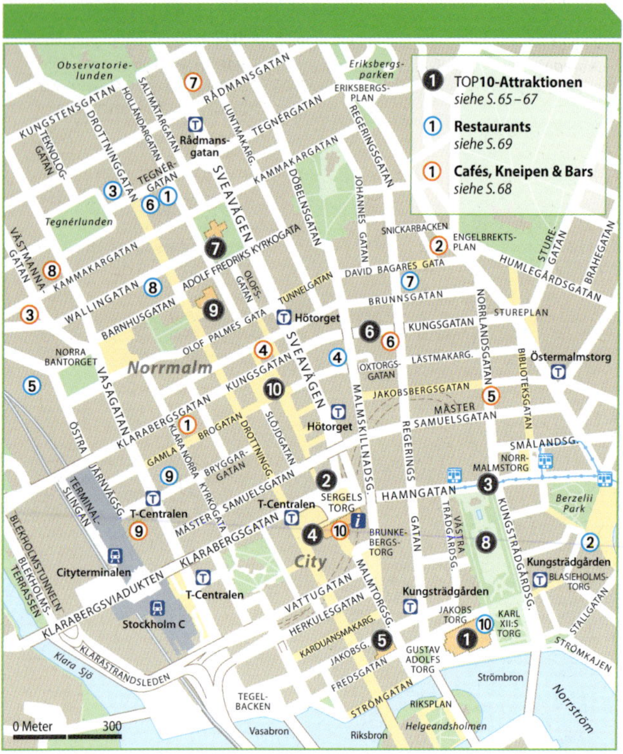

Norrmalm & City « 65

Kungliga Operan

1 Kungliga Operan
Karte M4 ■ Gustav Adolf torg 2 ■ +46 8 791 4400 ■ www.operan.se

In der Königlichen Oper, der schwedischen Staatsoper, werden einige Produktionen in der Originalsprache, etwa Englisch oder Deutsch, mit schwedischen Übertiteln gezeigt. Von August bis Mai finden oft samstags englischsprachige Führungen statt, bei denen man in den Backstagebereich, die Königsloge und den Orchestergraben gelangt.

2 Sergels torg
Karte L3

Der Platz wurde in den 1960er Jahren im Zuge der Modernisierung des Stadtzentrums angelegt und nach dem klassizistischen Bildhauer Johan Tobias Sergel (1740–1814) benannt. Er bildet einen zentralen Verkehrsknotenpunkt: Die Tunnelbana-Haltestelle T-Centralen ist die einzige in Stockholm, an der die rote, die grüne und die blaue Linie zusammenlaufen. Auf dem Platz mit dem schwarz-weißen Bodenmuster finden oft Vorführungen und Demonstrationen statt. Der Glasobelisk wird nachts beleuchtet.

3 Hamngatan
Karte M3

An der Shoppingmeile zwischen Sergels torg, Kungsträdgården und Berzelii Park liegen das Kaufhaus NK, die Mall Gallerian und der Flagship-Store von H&M. Die Tramlinie 7N fährt über die Hamngatan via Norrmalmstorg nach Djurgården. Der Norrmalmstorg ist auch Startpunkt der historischen Trambahnen nach Djurgården (siehe S. 76–81). Der 1973 am Norrmalmstorg verübte Bankraub prägte den Begriff »Stockholm-Syndrom«, der besagt, dass Geiseln unter Stress mit ihren Entführern sympathisieren.

4 Kulturhuset
Karte L3 ■ Sergels torg ■ +46 8 5062 0200 ■ variierende Öffnungszeiten ■ Eintritt nur für Veranstaltungen & Wechselausstellungen ■ www.kulturhusetstadsteatern.se

Das von dem Architekten Peter Celsing als »kulturelles Wohnzimmer« konzipierte Zentrum bietet auf sieben Etagen interessante Ausstellungen mit zeitgenössischer Fotografie und Kunst, Filme, Theater und vieles mehr. Konzerte finden im Haus sowie im Sommer auf der Dachterrasse mit fantastischem Blick auf Stockholm statt.

Kulturhuset am Sergels torg

Büsten im Medelhavsmuseet

⑤ Medelhavsmuseet
Karte M4 ■ Fredsgatan 2
■ +46 1 0456 1200 ■ Di–Fr 11–20 Uhr,
Sa, So 11–17 Uhr ■ www.medelhavs
museet.se

Das archäologisch und kulturhistorisch orientierte »Mittelmeermuseum« präsentiert Funde aus dem Mittelmeerraum und dem Nahen Osten. Die ägyptische Abteilung birgt Mumien, Sarkophage und Grabbeigaben, die Ausstellungen zum Nahen Osten und zum Islam zeigen die Entwicklung der islamischen Kunst. Bedeutend sind auch die antiken Artefakte, die bei der schwedischen Zypernexpedition 1927 bis 1931 gesammelt wurden. Zum Museum gehört das bezaubernde Bagdad Café.

⑥ Kungsgatan
Karte M2

Die »Königsstraße« wurde 1904/05 angelegt, um Kungsholmen, Norrmalm und Östermalm zu verbinden. Die beiden Kungstornen genannten »Wolkenkratzer« entstanden in den Jahren 1924/25 nach dem Vorbild der Hochhäuser jener Zeit in Lower Manhattan. Sie waren die ersten ihrer Art in Europa. Die Kungsgatan ist vor allem am östlichen Ende zwischen Hötorget und Stureplan eine lebhafte Einkaufsstraße, die viele Läden für Mode, Haushaltswaren und Elektronikartikel bietet. Hier steht auch das Kino Rigoletto aus dem Jahr 1939.

⑦ Gedenktafel & Grab Olof Palmes
Karte L1

An der Kreuzung von Sveavägen und Tunnelgatan steht an der Stelle, an der Olof Palme am 28. Februar 1986 ermordet wurde, eine Gedenktafel. Vor allem am Todestag des einstigen schwedischen Ministerpräsidenten legen viele Menschen an der Gedenkstätte Blumen ab. Die Richtung Westen verlaufende Straße wurde in Olof Palmes gata umbenannt. An Olof Palmes Grab auf dem Kirchhof der nahe gelegenen Adolf Fredriks Kyrka (siehe S. 40) steht ein schlichter Grabstein.

⑧ Kungsträdgården
Karte M3

Im Sommer kann man im grünen, bei den Stockholmern sehr beliebten »Königsgarten« herrlich entspannen, im Winter locken ein Weihnachtsmarkt und eine Eislaufbahn. Das ganze Jahr hindurch finden Freiluftkonzerte und andere Veran-

Kirschblüte im Kungsträdgården

Norrmalm & City « 67

staltungen statt. Im Jahr 2004 wurden die alten, kranken Ulmen durch 285 Linden ersetzt. Zudem wurden Pavillons mit Cafés, Bars und Restaurants errichtet *(siehe S. 44)*.

⑨ Centralbadet
Karte L1 ■ Drottninggatan 88 ■ +46 8 5452 1300 ■ Mo – Fr 7 – 21 Uhr, Sa, So 10 – 18 Uhr ■ Eintritt ■ www.centralbadet.se

Das Bad in einem schönen Jugendstilgebäude von 1904 an der geschäftigen Drottninggatan bietet Entspannung mit Saunas, Massagen, Reflexzonentherapie und Gesichtsbehandlungen. Es gibt auch ein herrliches Sonnendeck, einen Fitnessraum, eine Bar und ein empfehlenswertes Restaurant.

Schwimmbecken im Centralbadet

⑩ Hötorget
Karte L2

Auf dem Platz im Zentrum des Geschäftsviertels und nahe der Kungsgatan wird ein Lebensmittelmarkt veranstaltet. Vor dem hellblauen Konserthuset steht eine Statue des Bildhauers Carl Milles. Am Südende des Platzes sind im Filmstaden Sergel, einem der größten Multiplexkinos in Stockholm, internationale Filme in Originalsprache zu sehen. Nebenan bietet die Markthalle Hötorgshallen Delikatessen aus Schweden und aller Welt. An der Nordseite des Platzes kann man im Food-Court der Kungshallen *(siehe S. 68)* die Küchen zahlreicher Länder kennenlernen.

Spaziergang

▶ **Vormittags**

Starten Sie an der **Tunnelbana-Station Kungsträdgården**, der Endhaltestelle der blauen Linie. Den Bahnhof zieren Relikte von in den 1960er Jahren abgerissenen Häusern aus dem 18. Jahrhundert. Spazieren Sie durch den **Kungsträdgården** nach Norden zur **Hamngatan** *(siehe S. 65)*, an der das NK mit der großen Neonuhr auf dem Dach, der Flagship-Store von **H&M** und die Gallerian liegen. Über die Hamngatan erreichen Sie dann den **Sergels torg** *(siehe S. 65)*. Im **Kulturhuset** *(siehe S. 65)* können Sie sich über das laufende Programm informieren und im Café im fünften Stock einen Kaffee trinken. Vom Sergels torg führt die autofreie **Sergelgatan** zum **Hötorget**. Dort können Sie in der Hötorgshallen oder der **Kungshallen** *(siehe S. 68)* eine Kleinigkeit essen.

Nachmittags

Nahe dem Hötorget befinden sich die **Gedenktafel Olof Palmes** sowie die **Adolf Fredriks Kyrka** mit dem Grab des Ministerpräsidenten. Die Kirche birgt ein Denkmal für den französischen Philosophen René Descartes, der 1649 auf Einladung Königin Kristinas Stockholm besuchte und ein Jahr darauf in der Stadt verstarb. Die **Kungsgatan** säumen zwei Hochhäuser aus den 1920er Jahren und viele Läden. Das **Vete-Katten** *(siehe S. 68)* lädt zu Kaffee und Gebäck, das **Smak** *(siehe S. 69)* nahe der Kreuzung Kungsgata und Vasagatan zum Abendessen.

Siehe Karte S. 64

Cafés, Kneipen & Bars

Beeindruckendes Angebot an Kuchen und Gebäck bei Vete-Katten

① Vete-Katten
Karte K2 ■ Kungsgatan 55
■ +46 8 208 405 ■ Mo–Fr 7.30–20 Uhr,
Sa & So 9.30–19 Uhr

Das nostalgische Café bezaubert mit Kuchen, Gebäck, Spitzendeckchen und Porzellan *(siehe S. 52)*.

② Vassa Eggen
Karte D2 ■ Birger Jarlsgatan 29
■ +46 8 216 169 ■ Mo–Fr 6.30–10 Uhr,
11.30–14 Uhr & 17.30–23 Uhr

Das beliebte Grillrestaurant wird am späten Abend zum lebhaften Club mit guten DJs.

③ Waza Restaurang & Bryggeri
Karte J2 ■ Wallingatan 38 ■ +46
8 230 030 ■ Mi & Do 14–23 Uhr,
Fr & Sa 14–24 Uhr

Es gibt Bier aus der hauseigenen Brauerei und viele weitere Sorten.

④ Kungshallen
Karte L2 ■ Kungsgatan 44
■ Mo–Fr 9–23 Uhr, Sa 11–23 Uhr,
So 12–22 Uhr

Der Food-Court am Hötorget bietet internationale Spezialitäten.

⑤ Bianchi Café & Cycles
Karte M2 ■ Norrlandsgatan 16
■ +46 8 611 2100 ■ Mo & Di 11–22 Uhr,
Mi & Do 11–23 Uhr, Fr & Sa 11–24 Uhr,
So 11–17 Uhr

Das Café mit Fahrradladen setzt mit exzellentem Kaffee und tollen Imbissen auf Qualität italienischer Art.

⑥ K25 Stockholm
Karte K2 ■ Kungsgatan 25
■ Mo–Fr 7.30–21 Uhr, Sa 11–21 Uhr

In der Food-Hall bieten fast ein Dutzend Händler Köstlichkeiten zu günstigen Preisen an.

⑦ Sosta
Karte L1 ■ Sveavägen 84 ■ +46 8
612 1349 ■ Mai–Aug: Mo–Fr 8–18 Uhr,
Sa 10–17 Uhr

Die Café-Bar italienischen Stils lässt Espressoliebhaber ins Schwärmen geraten *(siehe S. 52)*.

⑧ Pizza Hatt
Karte K1 ■ Upplandsgatan 9
■ Di–Fr 11.30–14.30 Uhr & 16.30–
20.30 Uhr, Fr 11.30–22 Uhr, Sa & So
14–20.30 Uhr

Das Lokal bietet leckere Pizzas auch zum Mitnehmen an.

⑨ Icebar by Icehotel
Karte C3 ■ Hotel C Stockholm,
Vasaplan 4 ■ +46 8 5056 3520 ■ So–Do
15–24 Uhr, Fr & Sa 15–1 Uhr

Einrichtung und Ausstattung der Bar sind komplett aus Eis gefertigt.

⑩ Café Panorama
Karte L3 ■ Sergels torg 3
■ +46 8 211 035 ■ Di–Fr 11–20 Uhr,
Sa 11–18 Uhr, So 11–17 Uhr

Durch die großen Fenster des im fünften Stock des Kulturhuset *(siehe S. 65)* gelegenen Cafés genießt man beim Kaffee oder Mittagessen einen herrlichen Blick auf die Stadt.

Siehe Karte S. 64

Restaurants

Preiskategorien
Preis für ein Drei-Gänge-Menü pro Person mit einer halben Flasche Wein, inkl. Steuern und Service.
Ⓚ unter 700 Kr
ⓀⓀ 700–1000 Kr
ⓀⓀⓀ über 1000 Kr

① Supper
Karte K1 ■ Tegnérgatan 37
■ +46 8 232 424 ■ tägl. ab 17 Uhr ■ Ⓚ

Die Gerichte südamerikanischer Art werden wie Tapas serviert.

② Wedholms Fisk
Karte N3 ■ Arsenalsgatan 1
■ +46 8 611 7874 ■ Mo 11.30–14 Uhr & 16–23 Uhr, Di–Fr 11.30–23 Uhr, Sa 17–23 Uhr ■ ⓀⓀⓀ

Die Auswahl an Speisen in dem eleganten traditionellen Fischrestaurant ist groß.

③ Grill
Karte C2 ■ Drottninggatan 89
■ +46 8 314 530 ■ Mo–Fr 11–13.30 Uhr & ab 17 Uhr, Sa ab 16 Uhr, So ab 15 Uhr
■ Ⓚ

Das stilvolle Restaurant lockt mit über Holz oder Holzkohle gegrillten Fleischspezialitäten.

④ Smak
Karte L2 ■ Oxtorgsgatan 14
■ +46 8 220 952 ■ Mo–Do 11.30–14 Uhr & 17–24 Uhr, Fr 11.30–14 Uhr & 17–1 Uhr, Sa 17–1 Uhr
■ Ⓚ

Im Smak stellen sich Gäste aus drei, fünf oder sieben Probiergerichten ihr Menü zusammen.

⑤ Cloud Nine Food & Cocktails
Karte J2 ■ Torsgatan 1 ■ +46 8 653 6990 ■ Mo–Mi 17–23 Uhr, Do–Sa 17–24 Uhr (Mo–Fr auch 11–14 Uhr) ■ Ⓚ

Das Lokal mit französisch-asiatischer Küche und netter Atmosphäre bietet im Sommer Tische im Freien.

⑥ Rolfs Kök
Karte C2 ■ Tegnérgatan 41
■ +46 8 101 696 ■ Mo–Fr 11.30–1 Uhr, Sa 17–1 Uhr ■ Ⓚ

Zu modernen Interpretationen von traditionellen Gerichten genießt man exzellenten Wein *(siehe S. 54)*.

⑦ Nalen Restaurang
Karte M1 ■ Regeringsgatan 74
■ +46 8 5052 9201 ■ Di–Fr 11–15 Uhr & 16–23 Uhr, Sa 17–23 Uhr ■ Ⓚ

Die traditionelle Küche überzeugt.

⑧ Tjabba Thai
Karte K1 ■ Wallingatan 7
■ +46 8 219 988 ■ Mo–Fr 11–22 Uhr, Sa & So 14–22 Uhr ■ Ⓚ

Das exzellente Thai-Restaurant serviert hervorragendes Seafood.

⑨ Belgobaren
Karte K3 ■ Bryggargatan 12a
■ +46 8 246 640 ■ Mo & Mi 11–24 Uhr, Di & Fr 11–1 Uhr, Sa 13–1 Uhr, So 16–23 Uhr ■ Ⓚ

Es gibt zehn Miesmuschelgerichte, u. a. klassische *moules frites*.

⑩ Operakällarens Bakfickan
Karte M3 ■ Karl XII:s torg ■ +46 8 676 5800 ■ Mo–Fr 11.30–23, Sa 12–22 Uhr
■ ⓀⓀ

Hier genießt man Fleischbällchen und andere schwedische Klassiker.

Essen an der Bar im Operakällarens Bakfickan

TOP10 Kungsholmen & Vasastan

Das mit Industriebauten und übervölkerten Quartieren einst als »Hungerinsel« bekannte Kungsholmen erblühte Anfang des 20. Jahrhunderts mit dem Bau des Stadshuset. Heute bietet es viele Läden und Cafés. Vasastaden (kurz: Vasastan) lockt mit Restaurants, Bars und Clubs, der Stadsbiblioteket und dem Vasaparken.

Weithin sichtbar: das Stadshuset

- **1** TOP **10**-Attraktionen
  siehe S. 71–73
- **1** Restaurants
  siehe S. 75
- **1** Cafés, Kneipen & Bars
  siehe S. 74

Kungsholmen & Vasastan « 71

① Sveavägen
Karte C1–3

Die Straße, die vom Zentrum zum Odenplan und weiter zum nördlichen Stadtrand führt, erinnert an einen Pariser Boulevard. Der Bereich am Sergels torg ist wenig eindrucksvoll, an dem von Bäumen gesäumten Abschnitt nach dem Hötorget befinden sich jedoch exklusive Läden und Restaurants, die Adolf Fredriks Kyrka *(siehe S. 40)* und die Stadsbiblioteket. Nach dem Odenplan führt die Straße weiter nach Norden und endet schließlich nahe dem Hagaparken *(siehe S. 34f)*.

② Stadsbiblioteket
Karte C1 ■ Sveavägen 73 ■ +46 8 5083 0900 ■ Mo–Fr 10–19 Uhr, Sa 12–16 Uhr ■ www.biblioteket.stockholm.se

Die 1928 eröffnete Bibliothek zählt zu den wichtigsten Bauwerken des frühen 20. Jahrhunderts in Stockholm. Das Gebäude wurde von Gunnar Asplund im Stil des Nordischen Klassizismus entworfen. Herausragendes Merkmal ist die Rotunde, deren weiß gestrichene Decke den Innenraum licht erscheinen lässt. Dicht bestückte Bücherregale säumen die Wände der Galerien. Die Stadsbiblioteket war die erste Bibliothek Schwedens, die es Besuchern ermöglichte, eigenständig statt durch Anfrage beim Personal auf die Bücher zuzugreifen.

Sven-Harrys Konstmuseum

③ Sven-Harrys Konstmuseum
Karte B2 ■ Eastmansvägen 10–12 ■ +46 8 5116 0060 ■ Di–Fr 11–19 Uhr (Do bis 20 Uhr), Sa & So 11–17 Uhr ■ www.sven-harrys.se

Der Bauunternehmer und Kunstsammler Sven-Harry Karlsson initiierte die Errichtung des mit goldener Kupferlegierung verkleideten Gebäudes, das ein Museum, Galerien, Restaurants und Privatwohnungen beherbergt. Auf dem Dach stehen Skulpturen. Im Penthouse, einem Nachbau des Wohnsitzes von Karlsson (18. Jh.), wird dessen Sammlung präsentiert.

④ Stadshuset
Das am Ufer des Riddarfjärden gelegene Rathaus, der Sitz von Stadtregierung und Stadtparlament, wurde 1923 eingeweiht. Das Gebäude im nationalromantischen Stil wurde aus acht Millionen Backsteinen errichtet *(siehe S. 22f)*.

Dicht bestückte Bücherregale in der zentralen Rotunde der Stadsbiblioteket

> **Shopping in Kungsholmen**
>
> Kungsholmen ist eine gute Shoppingalternative zum hektischen Stadtzentrum. Sankt Eriksgatan und Fleminggatan sind die wichtigsten Einkaufsstraßen, in Fridhemsgatan und Hantverkargatan findet man gute Secondhandläden.

Bonniers Konsthall

⑤ Bonniers Konsthall
Karte B2 ■ Torsgatan 19 ■ +46 8 736 4255 ■ Mi 12–20 Uhr, Do–So 12–17 Uhr ■ Eintritt ■ www.bonniers konsthall.se

Das markante dreieckige Gebäude wurde von Johan Celsing entworfen und 2006 fertiggestellt. Es birgt eine der führenden Galerien für schwedische und internationale zeitgenössische Kunst in Stockholm. Die unabhängige, gemeinnützige Einrichtung verfolgt mit kostenlosen Ausstellungen, u. a. mit Werken von Gewinnern des Turner Prize und jungen schwedischen Künstlern, das Ziel, die Auseinandersetzung mit dem aktuellen Kunstschaffen zu fördern.

⑥ Norr Mälarstrand
Karte J4

Der malerische Norr Mälarstrand lädt zu Spaziergängen ein. Der Kai, an dem Schiffe und Hausboote vor Anker liegen, geht Richtung Westen in einen am Ufer verlaufenden Fußweg über. Gute Ausgangspunkte sind Stadshuset und Västerbron, wo von der Haltestelle der Buslinie 4 am Västerbroplan eine Treppe zum Rålambshovsparken und dem Uferweg hinabführt. An der Strecke, die fantastische Aussicht über den Riddarfjärden nach Söder bietet, gibt es viele Einkehrmöglichkeiten.

⑦ Strindbergsmuseet
Karte K1 ■ Drottninggatan 85 ■ +46 8 441 9170 ■ Di–So 12–16 Uhr (Juli, Aug: ab 10 Uhr) ■ Eintritt ■ www.strindbergsmuseet.se

In dem Haus, das er selbst »Blauer Turm« nannte, verbrachte August Strindberg, der Vater der modernen schwedischen Literatur, die letzten vier Jahre seines Lebens. Arbeits-, Wohn- und Schlafzimmer sind im Originalzustand erhalten. Sie versetzen Besucher in das Jahr 1912 zurück. Ausgestellt sind auch viele Fotografien von Strindberg, seiner Familie und von Plätzen, die mit dem Schriftsteller in Verbindung stehen.

⑧ Rörstrandsgatan
Karte A2

Die Straße hat ihren Namen von der mittelalterlichen Stadt Rörstrand. Sie wird von den Anwohnern »Klein-Paris« genannt. Das Angebot der Läden an der Rörstrandsgatan reicht von britischem Tweed über italienische Fliesen bis zu handgemachten Pralinen. Im Sommer sorgen Straßencafés und Restaurants für eine lebhafte Atmosphäre. Die Straße beginnt am Sankt Eriksplan und geht später in den Karlbergsvägen über.

Kungsholmen & Vasastan « 73

Fußballplätze im Vasaparken

Spaziergang

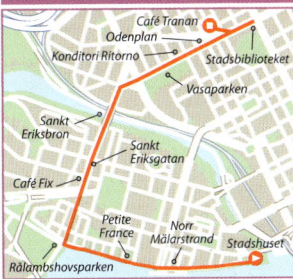

⑨ Vasaparken
Karte B2

Die im frühen 20. Jahrhundert als »Freifläche für kostenlose Spiele« geschaffene grüne Lunge von Vasastan bietet Fußballplätze, Boule-Bahnen, einen Kinderspielplatz und im Winter eine Eislaufbahn. Spazierwege und weite Rasenflächen garantieren Entspannung. Die von Gottfrid Larsson gefertigte Skulptur *Arbetaren* wurde 1917 zu Ehren der Arbeiterklasse aufgestellt. An Kiosken sind Snacks erhältlich.

⑩ Rålambshovsparken
Karte A3

Der von den Stockholmern kurz »Rålis« genannte Park wurde 1936 angelegt. Zur gleichen Zeit entstand die Västerbron. Im Sommer bevölkern Sonnenhungrige, Fußballer, *brännboll*- und Frisbeespieler das beliebte Naherholungsgebiet. Die Freilichtbühne im Park wurde im Jahr 1953 eröffnet.

▶ Vormittags

Von Mai bis September finden im **Stadshuset** (siehe S. 22f) um 10 Uhr englischsprachige Führungen statt. Am Rathaus beginnt der malerisch am Ufer verlaufende Spazierweg des **Norr Mälarstrand**. Im **Petite France** (siehe S. 74) können Sie sich mit Kaffee und Gebäck stärken. Vom nordöstlichen Rand des **Rålambshovsparken** führt die **Sankt Eriksgatan** durch das Shoppingviertel von Kungsholmen. Nach einem Bummel durch die Läden und das Einkaufszentrum am Fridhemsplan empfiehlt sich ein Imbiss im **Café Fix** in der Sankt Eriksgatan 35, dem vermutlich ältesten Café der Stadt.

Nachmittags

Nach Überqueren der **Sankt Eriksbron** gelangen Sie zum Nordende der **Sankt Eriksgatan**, wo sich viele Musikläden befinden. Im nahen **Vasaparken** können Sie im Sommer Eiscreme genießen und im Winter die Eislaufbahn nutzen. Die **Konditori Ritorno** (siehe S. 74) bietet einen gemütlichen Gastraum und bei warmem Wetter Tische im Freien. Nach der Rast können Sie am Odenplan die **Stadsbiblioteket** (siehe S. 71) mit der beeindruckenden Rotunde besuchen. Jährlich werden über eine Million Bücher aus der Bibliothek ausgeliehen. Beschließen Sie den Tag im **Café Tranan** (siehe S. 74). In der bei Einheimischen beliebten Bar können Sie speisen oder einfach nur gemütlich etwas trinken.

Norr Mälarstrand auf der Insel Kungsholmen

Siehe Karte S. 70

Cafés, Kneipen & Bars

1 Café Tranan
Karte B1 ■ Karlbergsvägen 14
■ +46 8 5272 8100 ■ Mo–Fr 11.30–23 Uhr, Sa & So 12–23 Uhr

Die im Kellergeschoss unter einem Restaurant gelegene Bar ist bei Einheimischen beliebt *(siehe S. 50)*.

2 Konditori Ritorno
Karte B2 ■ Odengatan 80–82
■ +46 8 320 106 ■ Mo–Do 7–22 Uhr, Fr 7–20 Uhr, Sa 8–18 Uhr, So 10–18 Uhr

Das Café im Retrolook serviert schwedischen Filterkaffee und Zimtschnecken.

3 Folk & Friends
Karte B4 ■ Norr Mälarstrand 32
■ Di–Fr 16–22 Uhr, Sa 12–22 Uhr, So 16–19 Uhr

In dem netten Pub genießt man Pies neuseeländischer Art und leichte Craftbeer-Sorten.

4 Vurma
Karte B2 ■ Gästrikegatan 2
■ +46 8 306 230 ■ Mo–Fr 11–19 Uhr, Sa & So 11–16 Uhr

Die in dem Café angebotenen Sandwiches tragen außergewöhnliche Namen wie »Stupid«, »Stranger« oder »Angel«.

5 BrewDog Kungsholmen
Karte A2 ■ Sankt Eriksgatan 56
■ +46 8 650 2110 ■ Mo–Do 16–24 Uhr, Fr & Sa 15–1 Uhr

In der Bar schenkt die schottische Craftbeer-Marke ihre besten Kreationen aus *(siehe S. 51)*.

6 Non Solo Bar
Karte C1 ■ Odengatan 34
■ +46 8 440 2082 ■ Mo–Fr 7–21 Uhr, Sa & So 9–18 Uhr

Neben exzellentem Kaffee sind italienische Gerichte wie Pasta, Salate und *tramezzini* erhältlich.

7 Olssons Skor
Karte C1 ■ Odengatan 41
■ +46 8 673 3800 ■ Mi–Sa 21–3 Uhr

In dem eleganten Club tanzt man zu klassischen Electro-Beats.

8 Petite France
Karte B3 ■ John Ericssonsgatan 6 ■ +46 8 618 2800 ■ Mo 7–18 Uhr, Di–Sa 7–22 Uhr, So 9–17 Uhr

Das Café verströmt das authentische Flair einer französischen Bäckerei – mit der entsprechenden Auswahl an Broten und Kuchen *(siehe S. 52f)*.

9 Man in the Moon
Karte C2 ■ Tegnérgatan 2c ■ +46 8 458 9500 ■ Mo 11–23 Uhr, Di–Do 11–24 Uhr, Fr 11–1 Uhr, Sa 12–1 Uhr

Das Pub bietet eine große Auswahl an schwedischen Craftbeer-Sorten.

10 Orangeriet
Karte B4 ■ Norr Mälarstrand, Kajplats 464 ■ +46 8 5052 4475
■ Mo & Di 11–23 Uhr, Mi & Do 11–24 Uhr, Fr 11–1 Uhr, Sa 11.30–1 Uhr, So 11.30–22 Uhr

Das Lokal bietet tagsüber Café- und abends Barbetrieb.

Tresen im BrewDog Kungsholmen

Kungsholmen & Vasastan

Restaurants

Preiskategorien
Preis für ein Drei-Gänge-Menü pro Person mit einer halben Flasche Wein, inkl. Steuern und Service.

Ⓚ unter 700 Kr   ⓀⓀ 700–1000 Kr
ⓀⓀⓀ über 1000 Kr

① Linguini
Karte B1 ■ Frejgatan 48 ■ +46 8 314 915 ■ Mo–Do 17–21 Uhr, Fr & Sa 17–23.30 Uhr ■ Ⓚ

Das gemütliche Restaurant mit guter italienischer Küche verfügt nur über zehn Tische. Reservierung wird empfohlen.

② Browallshof
Karte C1 ■ Surbrunnsgatan 20 ■ +46 8 165 136 ■ Mo & Sa 17–24 Uhr, Di–Fr 11.30–24 Uhr ■ Ⓚ

Das Hotelrestaurant in einem Gebäude aus dem 18. Jahrhundert serviert schwedische Gerichte.

③ Svartengrens
Karte C1 ■ Tulegatan 24 ■ +46 8 612 6550 ■ Di & Do–So 17–1 Uhr, Mi 17–24 Uhr ■ Ⓚ

Die Fleischgerichte aus Biozutaten und die Cocktails sind fabelhaft.

④ Wasahof
Karte B2 ■ Dalagatan 46 ■ +46 8 323 440 ■ Mo & Di 17–24 Uhr, Mi–Sa 17–1 Uhr ■ ⓀⓀ

Das klassische Bistro serviert exzellentes Seafood, darunter Austern.

⑤ Spisa Hos Helena
Karte B3 ■ Scheelegatan 18 ■ +46 8 654 4926 ■ Mo–Fr 11–24 Uhr, Sa 16–24 Uhr, So 16–23 Uhr ■ Ⓚ

Das beliebte Bistro bietet sonntags ein günstiges Festpreismenü.

⑥ Tennstopet
Karte B2 ■ Dalagatan 50 ■ +46 8 322 518 ■ Mo–Fr 11.30–1 Uhr, Sa & So 13–1 Uhr ■ Ⓚ

Das Restaurant mit schwedischer Küche besitzt das Flair der 1940er und 1950er Jahre.

⑦ Lux Dag för Dag
Primusgatan 116 ■ +46 8 619 0190 ■ Di–Fr 11.30–14 Uhr & 17–23 Uhr, Sa 17–23 Uhr ■ Ⓚ

Das Bistro-Restaurant verwendet für seine saisonalen Gerichte Zutaten aus der Region.

Elegantes Interieur des Lux Dag för Dag

⑧ Stadshuskällaren
Karte C4 ■ Hantverkargatan 1 ■ +46 8 5862 1830 ■ Mo & Di 11.30–14.30 Uhr, Mi–Fr 11.30–14.30 Uhr & 17–23 Uhr, Sa 17–23 Uhr ■ Ⓚ

In den Kellergewölben des Stadshuset kann man seit 1901 auch die Menüs der Nobelpreis-Galadiners probieren.

⑨ Trattorian
Karte B4 ■ Norr Mälarstrand, Kajplats 464 ■ +46 8 6842 3870 ■ Mo–Do 17–23 Uhr, Fr 17–24 Uhr, Sa 11.30–14.30 Uhr & 17–24 Uhr, So 11.30–18 Uhr ■ Ⓚ

Das Lokal auf einem Ponton am Wasser bietet italienische Klassiker mit Blick auf den Sonnenuntergang.

⑩ Lilla Ego
Karte B1 ■ Västmannagatan 69 ■ +46 8 274 455 ■ Di–Sa 17–23 Uhr ■ Ⓚ

In dem Bistro bereiten preisgekrönte Köche herzhafte saisonale Gerichte zu *(siehe S. 54)*.

Siehe Karte S. 70

TOP 10 Östermalm & Djurgården

Die beiden benachbarten Viertel sind völlig unterschiedlichen Charakters. Östermalm bildet den vornehmsten Teil der Innenstadt. Es beherbergt exklusive Restaurants und Designläden. Das beschauliche, nur etwa 800 permanente Einwohner zählende Djurgården ist Teil des Kungliga Nationalstadsparken. Im östlichen Bereich erstreckt sich eine Parklandschaft mit schönen Wanderwegen. Die im Westen von Djurgården gelegenen Attraktionen wie Skansen, Junibacken, Vasamuseet und Gröna Lund locken zahlreiche Besucher an.

Carl-von-Linné-Statue, Humlegården

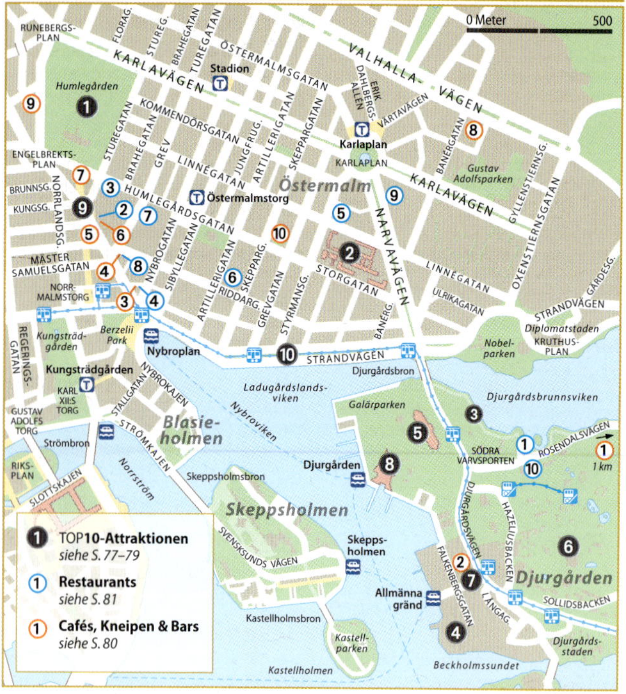

Östermalm & Djurgården

1 Humlegården
Karte M1

Der in unmittelbarer Nähe des Stureplan gelegene »Hopfengarten« bietet mit breiten, von Eichen gesäumten Wegen und ausgedehnten Rasenflächen Erholung vom Trubel des Stadtzentrums. Der einst königliche Park ist seit 1869 der Öffentlichkeit zugänglich. Er birgt eine Statue des schwedischen Naturforschers Carl von Linné, einen Kinderspielplatz sowie im Sommer Freiluftbars und -clubs. Die Kungliga Biblioteket befindet sich ebenfalls im Humlegården *(siehe S. 45)*.

2 Historiska museet
Das historische Museum widmet sich der Landesgeschichte von der Prähistorie über die Wikingerzeit bis zum Mittelalter. Die Exponate reichen von antikem Goldschmuck bis zur Rekonstruktion einer mittelalterlichen Dorfkirche aus Västergötland. Das Museum illustriert das Leben der Menschen in der Frühgeschichte und zeigt 3000 Jahre alte Artefakte. Die Wikingerausstellung verdeutlicht, dass diese als Krieger bekannten Völker häufig friedlich als Kaufleute lebten *(siehe S. 32f)*.

3 Spaziergang am Djurgårdsbrunnsviken
Karte R4–5

Startpunkt des Spaziergangs ist die dem Nordiska museet gegenüberliegende Bus- und Tramhaltestelle Djurgårdsbron. Nach dem Passieren der blauen Tore führt die Strecke die Rosendalsvägen

Brücke über den Djurgårdsbrunnsviken

entlang bis zum Gartencafé Rosendals Trädgård *(siehe S. 80)*. Unterwegs sieht man schimmernde Mahagoniboote, Kanus und Tretboote vorbeigleiten.

4 Gröna Lund
Das am Wasser gelegene Gröna Lund ist gleichzeitig Vergnügungspark und Veranstaltungsort von Konzerten. Seit den 1880er Jahren bezaubert der Park mit Karussells und Schaustellern, bietet heute aber auch moderne Fahrgeschäfte wie Fritt Fall, einen der höchsten Freifalltürme Europas, oder Eclipse, ein 122 Meter hohes Kettenkarussell vom Typ Starflyer, sowie etliche Achterbahnen. Auf dem Gelände gibt es zahlreiche Restaurants und Bars *(siehe S. 28f)*.

Vergnügungspark Gröna Lund

Galerie im Nordiska museet

⑤ Nordiska museet

Das Museum in einem beeindruckenden Gebäude im Stil der Renaissance dokumentiert mit einem riesigen Bestand von Exponaten das Alltagsleben in Schweden vom 16. Jahrhundert bis heute. Die Ausstellungen konzentrieren sich auf durch Umwälzung geprägte Epochen. So werden z. B. Modetrends der 1780er, 1860er und 1960er Jahre gezeigt, Interieurs verdeutlichen die Zweckmäßigkeit in den 1970er Jahren ebenso wie die Opulenz des 19. Jahrhunderts. Auch Traditionen wie der Tanz um die Mittsommerstange werden erklärt *(siehe S. 30f).*

⑥ Skansen

Das Freilichtmuseum in Djurgården zählt zu den beliebtesten Attraktionen Stockholms. Besucher erleben eine Reise durch das Schweden verschiedener Jahrhunderte und lernen nordische Tierarten wie Elche, Bären, Wölfe und Luchse kennen. In einem rekonstruierten Stadtviertel werden traditionelle Handwerkskünste vorgestellt. Außerdem gibt es ein Aquarium, einen Streichelzoo und einen kleinen Rummelplatz *(siehe S. 12f).*

⑦ ABBA The Museum

Karte R5 ▪ Djurgårdsvägen 68 ▪ +46 8 1213 2860 ▪ variierende Öffnungszeiten ▪ Eintritt ▪ www.abba themuseum.com

Das Museum mit zahlreichen interaktiven Exponaten begeistert Fans der schwedischen Popgruppe ABBA. Besucher können im rekonstruierten Polar Studio zusammen mit Hologrammen der Bandmitglieder singen. Viele der legendären Bühnenoutfits sind ausgestellt. Die Abteilung Folkpark widmet sich dem Jahr 1966, in dem sich Benny und Björn kennenlernten. Zudem können Besucher Erzählungen von Agnetha, Björn, Benny und Anni-Frid über die erstaunliche Karriere der Band lauschen *(siehe S. 42).*

⑧ Vasamuseet

Das weltweit einzige erhaltene Schiff aus dem 17. Jahrhundert bietet einen imposanten Anblick. Die als Prachtstück der schwedischen Flotte erbaute Galeone sank auf ihrer Jungfernfahrt im Jahr 1628 schon nach wenigen Minuten. Sie ruhte 333 Jahre lang im Meer und wurde 1961 in einer aufsehenerregenden Bergungsaktion gehoben. Die Ausstellungen im Vasamuseet erläutern die Geschichte des Schiffes und den Prozess der Restaurierung *(siehe S. 14f).*

Bünsowska Huset, Strandvägen

Östermalm & Djurgården

Vornehmes Östermalm

Das Viertel Östermalm wurde im späten 19. Jahrhundert rund um die breiten Boulevards Strandvägen, Karlavägen, Narvavägen und Valhallavägen angelegt und von führenden Architekten der Zeit im Stil der Renaissance gestaltet. Östermalm ist auch das Diplomatenviertel Stockholms: Es beherbergt viele Botschaften. Die Östermalms Saluhall ist ein wahres Schlemmerparadies.

Spaziergang

⑨ Stureplan
Karte M2

Der Name des Platzes mit dem pilzförmigen Understand im Zentrum ist heute synonym für Luxus: Exklusive Modehäuser, vornehme Restaurants sowie edle Bars und Clubs säumen die umliegenden Straßen.

⑩ Strandvägen
Karte P3–Q3

Die für die Weltausstellung von 1897 angelegte Prachtstraße verläuft fast parallel zum Ufer des Nybroviken. Vor allem, wenn die historischen Straßenbahnen die Strecke entlangfahren, verströmt der breite Boulevard Grandeur und Eleganz vergangener Zeiten. Das von den Architekten Isak Gustaf Clason und Anders Gustaf Forsberg entworfene Bünsowska Huset in Nr. 29–33 war stilbildend für die Bebauung entlang der Straße. In der Mitte des Boulevards verlaufen im Schatten von Bäumen Fuß- und Radwege an festgemachten Holzschiffen vorbei.

Vormittags

Startpunkt der Tagestour ist der **Stureplan**. Das am Platz gelegene Einkaufszentrum **Sturegallerian** (Stureplan 4) birgt exklusive Läden für Mode und Design sowie die Buchhandlung Hedengrens, die Literatur in zahlreichen Sprachen bietet. Viele Cafés laden zur Rast, das gemütliche Konditoriet ist besonders empfehlenswert. Anschließend können Sie das sich rund um den Östermalmstorg erstreckende Shoppingviertel von Östermalm erkunden. Die Markthalle **Östermalms Saluhall** aus dem 19. Jahrhundert lockt mit vielen Delikatessen. Alternativ führt ein kurzer Spaziergang zur hervorragenden **Brasserie Elverket** (siehe S. 81) in der Linnégatan, die an Werktagen mehrere preiswerte Tagesgerichte anbietet.

Nachmittags

Nach dem Mittagessen gehen Sie weiter zum **Strandvägen**. Dort können Sie an der schönen Uferpromenade entlangflanieren. Alternativ fahren Sie mit dem Bus oder der Tram zur Insel **Djurgården** (siehe S. 45), um in **Skansen** (siehe S. 12f) einen unterhaltsamen Nachmittag zu verbringen. Besichtigen Sie die Bauernhäuser und das rekonstruierte Stadtviertel in dem Freilichtmuseum und besuchen Sie die Tiergehege. Lassen Sie den Tag mit klassischen schwedischen Gerichten im Restaurant **Ulla Winbladh** (siehe S. 81) oder in der **Villa Godthem** (siehe S. 81) ausklingen. Beide servieren auch an Tischen im Freien.

Siehe Karte S. 76

Cafés, Kneipen & Bars

① Rosendals Trädgård
Karte G4 ■ Rosendalsterrassen 12 ■ +46 8 5458 1270 ■ tägl. 11–16 Uhr ■ www.rosendalstradgard.se

Das idyllische Gartencafé verwendet für die Salate, Suppen und Sandwiches sowie für das Gebäck ausschließlich Biozutaten *(siehe S. 53)*.

② Blå Porten
Karte R5 ■ Djurgårdsvägen 64 ■ +46 8 663 8759 ■ Di–Do 11–21 Uhr, Fr–Mo 11–19 Uhr

Das Selbstbedienungslokal bietet eine große Auswahl an Gerichten. Es liegt unweit von Skansen, Gröna Lund und Vasamuseet.

Klassische Stockholmer Bar: Riche

③ Riche
Karte N2 ■ Birger Jarlsgatan 4 ■ +46 8 5450 3560 ■ Mo 7.30–24 Uhr, Di 7.30–1 Uhr, Mi–Fr 7.30–2 Uhr, Sa 11–2 Uhr, So 12–24 Uhr

Der beliebte Treffpunkt verfügt über mehrere Bars.

④ Sturekatten
Karte N2 ■ Riddargatan 4 ■ +46 8 611 1612 ■ Mo–Fr 9–19 Uhr, Sa 9–18 Uhr, So 10–18 Uhr

Das nostalgische Café »Sture Katze« befindet sich in einem Wohnhaus aus dem 18. Jahrhundert.

⑤ East
Karte M2 ■ Stureplan 13 ■ +46 8 611 4959 ■ Mo–Fr 11.30–3 Uhr, Sa & So 12–3 Uhr

Das Restaurant mit asiatischer Küche verwandelt sich ab 23 Uhr in einen Club.

⑥ Obaren Sturehof
Karte M2 ■ Stureplan 2 ■ +46 8 440 5730 ■ Mi–Sa 20–2 Uhr

Der Club ist Zentrum des quirligen Nachtlebens rund um den Stureplan. Die Partys sind grandios.

⑦ Scandic Anglais
Karte D2 ■ Humlegårdsgatan 23 ■ +46 8 5173 4000 ■ Mo & Di 9–24 Uhr, Mi–Sa 9–2 Uhr, So 11–24 Uhr

Der Club mit drei Bars und einer Dachterrasse hat viele Stammgäste, die stets in Feierlaune sind. An den meisten Abenden legen DJs auf.

⑧ Valhallabageriet
Karte R1 ■ Valhallavägen 174 ■ +46 8 662 9763 ■ Mo–Fr 7–18 Uhr, Sa 8–15 Uhr, So 9–15 Uhr

In Stockholm scheinen jede Woche neue Bäckereien zu eröffnen. Die Valhallabageriet existieren jedoch schon seit Langem. Kaffee, Brötchen und Gebäck sind sehr gut.

⑨ Saturnus
Karte D2 ■ Eriksbergsgatan 6 ■ +46 8 611 7700 ■ Mo–Fr 7–20 Uhr, Sa & So 8–19 Uhr

Das Café mit Pariser Flair serviert große Tassen Kaffee und üppig proportionierte Zimtschnecken. Es bietet Frühstück und Brunch. Für Gäste liegt eine Auswahl an internationalen Zeitungen aus.

⑩ Tudor Arms
Karte P2 ■ Grevgatan 31 ■ +46 8 660 2712 ■ Mo 16–23 Uhr, Di–Fr 11–23 Uhr, Sa 13–23 Uhr, So 13–19 Uhr

Das bereits seit 1969 bestehende Pub lockt mit authentischer britischer Atmosphäre.

Siehe Karte S. 76

Restaurants

Preiskategorien
Preis für ein Drei-Gänge-Menü pro Person mit einer halben Flasche Wein, inkl. Steuern und Service.

Ⓚ unter 700 Kr   ⓀⓀ 700–1000 Kr
ⓀⓀⓀ über 1000 Kr

① Villa Godthem
Karte R4 ■ Rosendalsvägen 9 ■ +46 8 6842 3840 ■ Mo–Do 11.30–22 Uhr, Fr 11.30–23 Uhr, Sa 12–23 Uhr, So 12–21.30 Uhr ■ Ⓚ

Das Lokal mit guter schwedischer Küche befindet sich inmitten der Parklandschaft von Djurgården in einem historischen Haus (19. Jh.).

② Sturehof
Karte M2 ■ Stureplan 2 ■ +46 8 440 5730 ■ Mo–Sa 11–2 Uhr, So 12–2 Uhr ■ ⓀⓀ

Das hervorragende Restaurant in Östermalm ist auf Seafood spezialisiert (siehe S. 55).

③ Ekstedt
Karte D2 ■ Humlegårdsgatan 17 ■ +46 8 611 1210 ■ Di–Do 18–1 Uhr, Fr 17–1 Uhr, Sa 16–1 Uhr ■ ⓀⓀ

Starkoch Niklas Ekstedt bietet in seinem Restaurant vier- und sechsgängige Menüs an. Die Speisen werden vorwiegend über offenem Holzfeuer zubereitet (siehe S. 55).

④ Teatergrillen
Karte N2 ■ Nybrogatan 3 ■ +46 8 5450 3565 ■ Mo & Di 11.30–22 Uhr, Mi & Do 11.30–24 Uhr, Fr 11.30–1 Uhr, Sa 12–1 Uhr ■ ⓀⓀ

Die französisch-schwedischen Gerichte in dem Restaurant sind nicht gerade günstig, aber exzellent.

⑤ Brasserie Elverket
Karte Q2 ■ Linnégatan 69 ■ +46 8 661 2562 ■ Mo–Do 17–21 Uhr, Fr 17–22 Uhr (Mo–Fr auch 11–14 Uhr) ■ Ⓚ

Neben Mittagsgerichten mit gutem Preis-Leistungs-Verhältnis gibt es Craftbeer vom Fass.

⑥ Gastrologik
Karte D3 ■ Artillerigatan 14 ■ +46 8 662 3060 ■ Di–Sa 18–23.30 Uhr ■ ⓀⓀⓀ

Das Speisenangebot in dem Restaurant mit neuer nordischer Küche wechselt täglich (siehe S. 54).

⑦ Grodan
Karte N2 ■ Grev Turegatan 16 ■ +46 8 679 6100 ■ Mo 7.30–23 Uhr, Di–Do 7.30–24 Uhr, Fr 7.30–1 Uhr, Sa 12–1 Uhr, So 12–22 Uhr ■ ⓀⓀ

An das Restaurant mit schwedisch-europäischer Küche grenzt eine Bar.

⑧ PA & Co
Karte N2 ■ Riddargatan 8 ■ +46 8 611 0845 ■ tägl. 17–24 Uhr ■ ⓀⓀ

Die Gäste des Lokals genießen in gemütlichem Ambiente kreative schwedische Küche.

⑨ Cassi
Karte Q2 ■ Narvavägen 30 ■ +46 8 661 7461 ■ Mo–Fr 10.45–20 Uhr, So 13–20 Uhr ■ Ⓚ

Das französische Bistro in Familienbesitz verströmt das Flair der 1970er Jahre.

⑩ Ulla Winbladh
Karte R4 ■ Rosendalsvägen 8 ■ +46 8 5348 9701 ■ Mo & So 11.30–22 Uhr, Di–Fr 11.30–23 Uhr, Sa 12.30–23 Uhr ■ Ⓚ

Der traditionelle schwedische Gasthof liegt nahe der Djurgårdsbron.

Tische im Freien bei Ulla Winbladh

Gamla stan, Skeppsholmen & Blasieholmen

Löwenstatue, Kungliga slottet

Gamla stan ist das Areal, in dem die Stadt Stockholm im 13. Jahrhundert entstand. Heute lockt die schöne mittelalterliche Altstadt zahlreiche Besucher an. Abseits des Trubels erscheinen die engen Gassen, vor allem abends und wenn es schneit, märchenhaft. Das Kungliga slottet ist die Hauptattraktion, zudem birgt das Viertel viele schöne Kirchen. Zu den Museen in Skeppsholmen zählen das Moderna museet mit Werken des 20. Jahrhunderts und das Östasiatiska museet mit antiken Artefakten aus Asien. Das Nationalmuseum befindet sich in Blasieholmen unweit des Grand Hôtel.

Vorhergehende Doppelseite Uferstraße mit prächtigen Bauten in Södermalm *(siehe S. 92–97)*

Gamla stan, Skeppsholmen & Blasieholmen « 85

Die kleine Insel Riddarholmen mit der Riddarholmskyrkan

❶ Riddarholmen
Karte L5

Die von Gamla stan durch eine Hauptstraße und einen Fluss getrennte »Ritterinsel« lohnt einen Besuch. Die Evert Taubes terrass bietet einen traumhaften Blick auf den Mälaren. Auf Riddarholmen befinden sich die Riddarholmskyrkan *(siehe S. 40)* und zahlreiche Palais aus dem 17. Jahrhundert. Die Walpurgisnacht *(siehe S. 61)* wird auf der Insel mit Lagerfeuern und Gesang gefeiert.

❷ Nationalmuseum
Karte N4 ■ Södra Blasieholmshamnen 2 ■ +46 8 5195 4300 ■ Di–Fr 11–17 Uhr (Do bis 20 Uhr), Sa & So 10–17 (Ende Juni – Ende Aug: Di – So 10–17 Uhr) ■ www.nationalmuseum.se

Die etwa 16 000 Gemälde und Skulpturen sowie der riesige Bestand an Zeichnungen und Stichen von der Renaissance bis zur Gegenwart bilden die größte Kunstsammlung Schwedens *(siehe S. 43)*.

❸ Kungliga slottet

Mit über 1000 Räumen zählt das 1754 vollendete barocke »Königliche Schloss« zu den größten Europas. Es wird für Empfänge genutzt. Zu den fünf Museen im Schloss gehört die Schatzkammer mit den Reichsregalien *(siehe S. 26f)*.

Schlafgemach, Kungliga slottet

- ❶ **TOP10-Attraktionen** *siehe S. 85 – 87*
- ❶ **Restaurants** *siehe S. 91*
- ❶ **Cafés, Kneipen & Bars** *siehe S. 90*
- ❶ **Dies & Das** *siehe S. 88*
- ❶ **Shopping** *siehe S. 89*

④ Storkyrkan
Karte M5 ▪ Trångsund 1

Die Stockholmer Domkirche wurde im 14. Jahrhundert vollendet. Zu den Kunstschätzen zählen die Skulptur des hl. Georg mit dem Drachen (1489) und das *Vädersoltavlan* (»Nebensonnengemälde«). Die 1535 angefertigte Kopie eines älteren Bildes zeigt den Blick von den Klippen Södermalms auf die spätmittelalterliche Stadt und ist die älteste erhaltene Ansicht von Stockholm. In der seit 1527 evangelisch-lutherischen Storkyrkan finden neben Messen auch Konzerte statt *(siehe S. 40).*

Prächtiges Hauptschiff der Storkyrkan

⑤ Stortorget
Karte M5

Der im Zentrum von Gamla stan gelegene Stortorget ist der älteste Platz Stockholms. Er war Schauplatz des Blutbads von 1520 *(siehe S. 38)*. Im Gegensatz zu den Hauptplätzen anderer europäischer Städte hat er keinen repräsentativen Charakter: Der Platz fällt nach Westen ab, die aus dem 17. und 18. Jahrhundert stammende Bebauung wirkt beliebig. Das 1776 im Stil des französischen Rokoko erbaute Börshuset, die Börse, birgt heute das Nobel Prize Museum *(siehe S. 88)*. Die Deckenbalken aus den 1640er Jahren an Haus Nr. 5 sind mit Tieren, Blumen und Früchten bemalt.

Stadterneuerung in Slussen
Ein wichtiger Verkehrsknotenpunkt Stockholms befindet sich im Wandel. Das Gebiet um Slussen – die Schleuse zwischen Ostsee und Mälaren, die Gamla stan und Södermalm verbindet – wird umgestaltet, um den Verkehrsfluss zu verbessern und einen neuen Park sowie Gebäude zu schaffen. Die Bauarbeiten werden voraussichtlich bis 2030 dauern.

⑥ Moderna museet
Karte P4 ▪ Exercisplan 4 ▪ +46 8 5202 3500 ▪ Di – So 10 – 18 Uhr (Di & Fr bis 20 Uhr) ▪ www.modernamuseet.se

Das Museum auf Skeppsholmen zeigt Kunst des 20. Jahrhunderts, u. a. von Pablo Picasso, Salvador Dalí, Henri Matisse und Giorgio de Chirico. Es beherbergt ca. 5000 Gemälde, Skulpturen, Installationen, Zeichnungen, Grafiken und Fotografien. Zudem sind Arbeiten zeitgenössischer schwedischer und internationaler Künstler zu sehen. Zum Museum gehören ein Kinderatelier, ein Laden und ein Restaurant mit schöner Aussicht auf Djurgården und Strandvägen *(siehe S. 43)*.

⑦ Kastellholmen
Karte Q6

Das südlich von Skeppsholmen gelegene Kastellholmen ist Teil des Kungliga Nationalstadsparken. Von den Granitfelsen, die sich ideal für ein Picknick eignen, eröffnet sich ein schöner Blick auf vorbeifahrende Boote und das burgähnliche mittelalterliche Gebäude der Insel.

Zitadelle auf Kastellholmen

Gamla stan, Skeppsholmen & Blasieholmen « 87

Die *Af Chapman* vor Skeppsholmen

⑧ Küstenspaziergang auf Skeppsholmen
Karte P4

Der Spaziergang ist zu jeder Jahreszeit schön. Biegen Sie nach dem Überqueren der Skeppsholmsbron links ab. Der Weg führt durch ein kleines Tor und verläuft am Ufer zum Kai Östra Brobänken. Von der Südostspitze der Insel können Sie mit der Fähre nach Djurgården übersetzen oder auf dem Rundweg an dem Hostel-Schiff *Af Chapman* (siehe S. 117) vorbeischlendern.

⑨ Weihnachtsmarkt
Karte M5 ▪ **Stortorget** ▪ **Ende Nov – 23. Dez: tägl. 11–18 Uhr**

Im Winter besitzt Stockholm eine märchenhafte Atmosphäre. Der Weihnachtsmarkt auf dem Stortorget ist besonders stimmungsvoll. In kleinen Buden werden Kerzen und Kunsthandwerk, Textilien und Weihnachtsschmuck verkauft. Neben dem typischen Weihnachtsgetränk *julmost* und wärmendem *glögg* (Glühwein) sind Delikatessen aus ganz Schweden erhältlich.

⑩ Straßen in Gamla stan
Karte M5

Die Västerlånggatan, die Hauptstraße der Altstadt, säumen zahlreiche Läden. Am südlichen Ende der Straße zweigt die Mårten Trotzigs gränd, die schmalste Gasse Stockholms, ab. Die ruhigere Österlånggatan bietet Restaurants und außergewöhnliche Läden. An der Stora Nygatan kann man im Café Tabac (siehe S. 90) entspannen.

Spaziergang

▶ Vormittags

Vom Stockholmer Hauptbahnhof fährt der Bus Nr. 65 direkt nach **Skeppsholmen**. Die herausragende Sammlung von Kunst des 20. Jahrhunderts des **Moderna museet** ist täglich außer montags zu besichtigen. Nach einer Pause im **Café Blom** *(siehe S. 90)* im Moderna museet überqueren Sie die **Skeppsholmsbron**, um einen Spaziergang zu unternehmen, der an den Fähren vorbei zum **Nationalmuseum** *(siehe S. 85)* und zum **Grand Hôtel** *(siehe S. 112)* führt. Über die **Strömbron** gelangen Sie zum **Kungliga slottet**. Nach dessen Besichtigung bummeln Sie über das Kopfsteinpflaster der **Slottsbacken** zur **Österlånggatan** in Gamla stan. In dem traditionellen Kellerrestaurant **Magnus Ladulås** *(siehe S. 91)* können Sie sich mit einem dreigängigen Menü stärken.

Nachmittags

Spazieren Sie durch die schmalen, hübschen Straßen rund um die Köpmangatan bis zum **Stortorget**, dem Hauptplatz der Altstadt. Genießen Sie eine heiße Schokolade im **Chokladkoppen** *(siehe S. 90)*. Folgen Sie dann der nachmittags weniger überfüllten **Västerlånggatan** Richtung Süden und stöbern Sie in den Läden, die diesen Straßenabschnitt säumen. Am Ostende der Västerlånggatan bereitet der Weg durch die Mårten Trotzigs gränd, die engste Gasse der Altstadt, Vergnügen. Zum Ausklang des Tages locken Tapas im beliebten **Café Tabac** *(siehe S. 90)*.

Siehe Karte S. 84f

Dies & Das

Architekturmodelle aus verschiedenen Epochen bei ArkDes

1 ArkDes
Karte P5 ■ Exercisplan 4, Skeppsholmen ■ +46 8 5202 3500 ■ Di–So 10–18 Uhr (Di & Fr bis 20 Uhr) ■ Eintritt ■ www.arkdes.se

Das Museum widmet sich der Architektur- und Designgeschichte Schwedens.

2 Evert Taubes Terrass
Karte L5 ■ Riddarholmen

Die Statue des Dichters und Sängers Evert Taube (1890–1976) steht auf der Terrasse unterhalb des Wrangelska Palatset mit Blick auf den Riddarfjärden.

3 Tyska Kyrkan
Karte M5 ■ Svartmangatan 16 ■ +46 8 411 1188 ■ Juni–Aug: tägl. 10.30–16.30 Uhr; Sep–Mai: Fr & Sa 11–15 Uhr, So 12.30–16 Uhr ■ Eintritt

Johann III. gestattete 1571 den Bau der »Deutschen Kirche« (siehe S. 40).

4 Story Tours
Karte M5 ■ +46 70 490 6269 ■ Eintritt ■ www.storytours.eu

Die Rundgänge führen durch die Altstadt von Gamla stan.

5 Nobel Prize Museum
Karte M5 ■ Stortorget ■ +46 8 5348 1800 ■ Di–So 10–17 Uhr (Fr bis 21 Uhr) ■ Eintritt ■ www.nobelprizemuseum.se

Das Museum informiert über die Geschichte des Nobelpreises und die Ideen und Arbeiten der Preisträger.

6 Livrustkammaren
Karte M4 ■ Slottsbacken 3 ■ +46 8 402 3030 ■ variierende Öffnungszeiten ■ Eintritt ■ www.livrustkammaren.se

Die Rüstkammer im Kungliga Slottet birgt royale Kostbarkeiten.

7 Forum För Levande Historia
Karte M5 ■ Stora Nygatan 10–12 ■ +46 8 723 8750 ■ Mo–Fr 12–17 Uhr, Sa 12–16 Uhr ■ www.levandehistoria.se

Das Forum wirbt für Toleranz, Demokratie und Menschenrechte.

8 Postmuseum
Karte M5 ■ Lilla Nygatan 6 ■ +46 10 436 4439 ■ Di–So 11–16 Uhr (Sep–Apr: Mi bis 19 Uhr) ■ Eintritt ■ www.postmuseum.se

Besucher erhalten Einblick in die Geschichte der Post in Schweden.

9 Jarnpojke
Karte E4 ■ Bollhustäppan

Die 15 Zentimeter hohe Statue neben der Finska Kyrkan stellt einen den Mond betrachtenden Jungen dar. Ein Geschenk zu hinterlassen soll Glück bringen.

10 Östasiatiska museet
Karte P4 ■ Tyghusplan, Skeppsholmen ■ +46 10 456 1297 ■ Di 11–20 Uhr, Mi–So 11–17 Uhr ■ www.ostasiatiska.se

Die interessanten Exponate stammen aus dem Fernen Osten.

Gamla stan, Skeppsholmen & Blasieholmen « 89

Shopping

① Gudrun Sjödén
Karte M5 ■ Stora Nygatan 33
■ +46 8 235 555 ■ www.gudrunsjoden.com

Die Designerin Gudrun Sjödén entwirft seit den 1970er Jahren Damenmode skandinavischen Stils.

② Iris Hantverk
Karte M5 ■ Västerlånggatan 24
■ +46 8 698 0973 ■ www.irishantverk.se

In dem Ende des 19. Jahrhunderts gegründeten Betrieb fertigen sehbehinderte Handwerker Haushaltsbürsten an.

③ Earth N More
Karte M5 ■ Stora Nygatan 14
■ +46 8 641 0210 ■ Mo–Fr 11–18 Uhr, Sa 11–16 Uhr ■ www.earthnmore.com

In dem Laden wird nur Damen- und Herrenmode verkauft, die die Kriterien Design, Funktion und Umweltfreundlichkeit verbindet.

Florale Muster bei Earth N More

④ Blå Gungan
Karte M5 ■ Österlånggatan 16
■ +46 8 202 373 ■ Mo–Fr 11–18 Uhr, Sa 11–16 Uhr ■ www.blagungan.se

Einrichtungsobjekte, Accessoires und mehr – alles stammt überwiegend von schwedischen Designern.

⑤ Hilda Hilda
Karte M5 ■ Österlånggatan 21
■ +46 8 641 3680 ■ www.hildahilda.se

Der 1995 gegründete Shop bietet reizvolle Wohndekoration und Accessoires aus umweltfreundlichem Garn, gewebt in Schweden mit der traditionellen Methode.

⑥ Happy Sthlm
Karte M5 ■ Stora Nygatan 36
■ +46 8 642 1505 ■ Mo–Fr 11–18 Uhr, Sa 11–16 Uhr ■ www.theswedishfabriccompany.com

Der Laden führt handgefertigte Stoffe und Textilien, Keramik und Schmuck der schwedischen Designer Katarina Andersson, Kajsa Aronsson und Caroline Lindholm.

⑦ Krabat
Karte M5 ■ Stora Nygatan 21
■ +46 8 21 4924 ■ Mo–Fr 10–18 Uhr, Sa 10–16 Uhr, So 11–16 Uhr ■ www.krabat.se

Klassische, langlebige Spielzeuge nach eigenem Design und aus eigener Herstellung werden neben internationalen Marken verkauft. Das Angebot reicht von Puppen über Autos bis hin zu reizenden Kleidern.

⑧ SF Bokhandeln
Karte M5 ■ Västerlånggatan 48
■ +46 8 21 5052 ■ www.sfbok.se

Der Science-Fiction-Spezialist verkauft Bücher, Filme, Spiele und Zeitschriften, vieles davon in englischer Sprache.

⑨ Edblad
Karte M5 ■ Västerlånggatan 36
■ +46 8 5199 0092 ■ Mo–Fr 10–18 Uhr, Sa 10–17 Uhr, So 11–16 Uhr ■ www.edblad.com

Hans und Cathrine Edblad kreieren Schmuck und Accessoires. Die Entwürfe entstehen in ihrem Atelier in Stockholm. Gefertigt werden die Stücke jedoch zumeist in China.

⑩ Made in Stockholm
Karte M5 ■ Västerlånggatan 58
■ +46 8 411 4607 ■ Mo–Fr 11–18 Uhr, Sa, So 11–16 Uhr ■ www.madeinstockholm.nu

Der Laden bietet Glaswaren, Keramik, Silberschmuck und anderes Kunsthandwerk aus der Region.

Siehe Karte S. 84f

Cafés, Kneipen & Bars

① Café Tabac
Karte M5 ▪ Stora Nygatan 46
▪ +46 8 101 534 ▪ Mo–Do 10–24 Uhr,
Fr & Sa 10–1 Uhr, So 11–24 Uhr

In der Bar sind Tapas, ganze Mahlzeiten und auch Kaffee erhältlich.

② Wirströms Pub
Karte M5 ▪ Stora Nygatan 13
▪ +46 8 212 874 ▪ Mo 14–24 Uhr,
Di–Do 14–1 Uhr, Fr & So 12–1 Uhr,
Sa 11–1 Uhr

Das Pub ist bei Studenten, Urlaubern und Anwohnern beliebt.

③ Stampen
Karte M5 ▪ Stora Nygatan 5
▪ +46 8 205 793 ▪ Di–Fr 17–1 Uhr,
Sa 14–1 Uhr, So 17–1 Uhr

Die 1968 eröffnete Jazz- und Bluesbar bietet jeden Abend Livemusik.

④ Ardbeg Embassy
Karte M5 ▪ Västerlånggatan 68
▪ +46 8 791 9090 ▪ Mo, Di & So 12–22 Uhr, Mi & Do 12–23 Uhr, Fr 11–1 Uhr, Sa 12–1 Uhr

Die Whisky-Bar bietet auch eine gute Auswahl an Bieren aus schwedischen Mikrobrauereien. Außerdem werden hervorragende, wenn auch teure Speisen serviert.

⑤ Pharmarium
Karte M5 ▪ Stortorget 7 ▪ +46
8 20 08 10 ▪ Mo, Di & So 16.30–23 Uhr, Mi & Do 16.30–24 Uhr, Fr & Sa 16.30–1 Uhr

Die Bar in Schwedens ältester Apotheke serviert Cocktails und Snacks.

⑥ Lydmar Hotel Bar
Karte N4 ▪ Södra Blasieholmshamnen 2 ▪ +46 8 223 160 ▪ tägl. 11–1 Uhr ▪ www.lydmar.com

Die Drinks in der eleganten Bar im Lydmar Hotel sind exzellent.

⑦ Caffellini
Karte M5 ▪ Västerlånggatan 67
▪ +46 70 676 6016 ▪ Mo–Fr 8–16 Uhr,
Sa 10–18 Uhr

In dem kleinen Café kann man vorzüglichen Espresso genießen.

⑧ Chokladkoppen
Karte M5 ▪ Stortorget 18 ▪ +46 8 203 170 ▪ tägl. 9–23 Uhr (Winter: Mo–Do 10–22 Uhr, Fr 10–23 Uhr, Sa 9–23 Uhr, So 9–22 Uhr)

Das bei der LGBT+ Community beliebte Café lockt mit köstlicher heißer Schokolade.

⑨ Café Blom
Karte P4 ▪ Exercisplan 4, Skeppsholmen ▪ +46 8 527 546 50
▪ Di & Fr 11–19.30 Uhr, Mi, Do, Sa & So 11–17.30 Uhr

Das nahe ArkDes und Moderna museet gelegene Café serviert Gebäck und Snacks – auch auf einer überdachten Terrasse im Picassoparken.

⑩ Cadier Bar, Grand Hôtel
Karte N4 ▪ Södra Blaiseholmshamnen 8 ▪ +46 8 679 3585 ▪ Mo–Fr 7–2 Uhr, Sa 8–2 Uhr, So 8–1 Uhr

Genießen Sie das Frühstück, den Brunch, den Nachmittagstee oder einen Cocktail in der eleganten Bar des prunkvollen Hotels.

Die mondäne Cadier Bar im Grand Hôtel

Restaurants

> **Preiskategorien**
> Preis für ein Drei-Gänge-Menü pro Person mit einer halben Flasche Wein, inkl. Steuern und Service.
>
> ⓚ unter 700 Kr ⓚⓚ 700–1000 Kr
> ⓚⓚⓚ über 1000 Kr

❶ Traditions
Karte N5 ■ Österlånggatan 1 ■ +46 8 203 525 ■ Mo–Fr 11.30–23 Uhr, Sa 16–23 Uhr, So 16–22 Uhr ■ ⓚ

Die klassisch-schwedische Küche überzeugt.

❷ Matbaren
Karte N4 ■ Södra Blaiseholmshamnen 6 ■ +46 8 679 3584 ■ Mo–Fr 12–14 Uhr & 18–24 Uhr ■ ⓚⓚ

Das mit einem Michelin-Stern ausgezeichnete Bistro bietet saisonale Küche *(siehe S. 54)*.

❸ B.A.R.
Karte N3 ■ Blasieholmsgatan 4a ■ +46 8 611 5335 ■ Mo–Fr 10–1 Uhr, Sa 16–1 Uhr ■ ⓚ

Highlight des exzellenten Seafood-Lokals ist das gegrillte Tagesgericht.

❹ The Flying Elk
Karte D4 ■ Mälartorget 15 ■ +46 8 208 583 ■ Mo–Do 17–24 Uhr, Fr & Sa 17–1 Uhr, So 16–23 Uhr ■ ⓚ

Björn Frantzéns Lokal verbindet schwedische Kochtradition mit britischer Pubkultur *(siehe S. 50)*.

❺ Bistro Pastis
Karte M5 ■ Baggensgatan 12 ■ +46 8 202 018 ■ Mo–Mi 16–22 Uhr, Do & Fr 11.30–15.30 Uhr & 17–23 Uhr, Sa & So 12–23 Uhr ■ ⓚ

Das französische Bistro ist sehr gemütlich und überaus beliebt.

❻ Djuret
Karte M5 ■ Lilla Nygatan 5 ■ +46 8 5064 0084 ■ Di–Sa 17.30–24 Uhr ■ ⓚⓚ

Das Djuret (»das Tier«) ist auf Fleischgerichte spezialisiert.

❼ Långa Raden, Hotel Skeppsholmen
Karte P5 ■ Gröna gången 1 ■ +46 8 407 2305 ■ Mo–Fr 11.30–21 Uhr, Sa & So 12–21 Uhr ■ ⓚⓚ

Das Hotelrestaurant bietet moderne schwedische Küche *(siehe S. 113)*.

Elegantes Ambiente im Långa Raden

❽ Flickan
Karte D4 ■ Yxsmedsgränd 12 ■ +46 8 5064 0080 ■ Mi–Sa 17–23 Uhr ■ ⓚⓚ

In dem Restaurant kann man exquisite Küche in Vollendung erleben – nach Rezepten aus aller Welt.

❾ Den Gyldene Freden
Karte N5 ■ Österlånggatan 51 ■ +46 8 249 760 ■ Mo–Fr 11.30–24 Uhr, Sa 13–24 Uhr ■ ⓚⓚ

Das traditionsreiche, seit 1722 existierende Restaurant der Schwedischen Akademie verströmt altmodisches Flair.

❿ Magnus Ladulås
Karte N5 ■ Österlånggatan 26 ■ +46 8 211 957 ■ Mo–Do 11–22 Uhr, Fr 11–23 Uhr, Sa 12–23 Uhr ■ ⓚ

In dem gemütlichen Kellerrestaurant im Herzen der Altstadt sind die Drei-Gänge-Menüs besonders zu empfehlen.

Siehe Karte S. 84f

Södermalm

Das einstige Arbeiterviertel Södermalm, kurz »Söder« genannt, hat sich in einen schicken Stadtteil verwandelt, vom hippen Bezirk SoFo im Osten bis Hornstull, dem neuesten Szeneviertel im Westen der Insel. Es bietet erschwingliche Restaurants, nette Cafés, tolle Läden, ein pulsierendes Nachtleben und viele grüne Oasen. Von dem Gebiet eröffnen sich reizende Ausblicke auf Stockholm – vor allem vom Monteliusvägen ist der Blick über den Mälaren zum Stadshuset eindrucksvoll. Eines der vielen Museen in dem Viertel ist das renommierte Fotografiska.

Tek (1935) von Bror Hjorth am Nytorget, SoFo

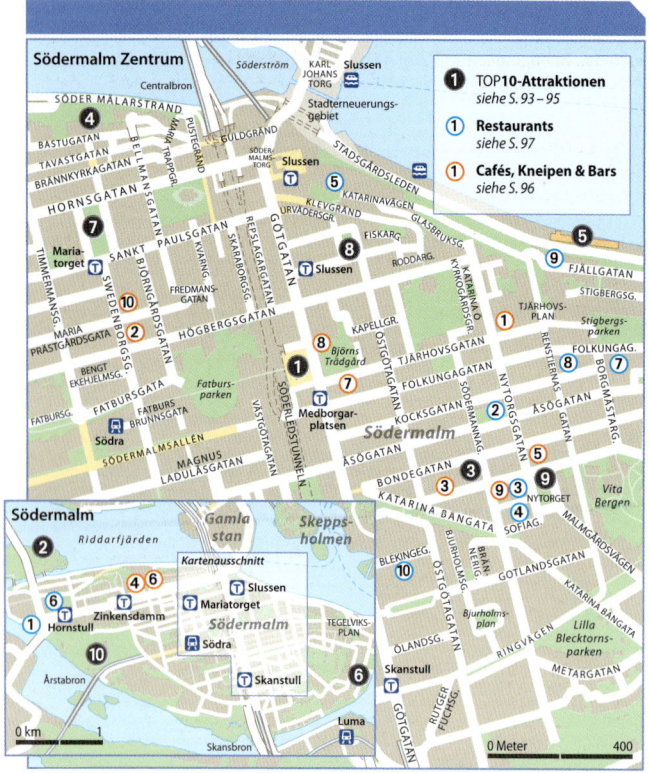

Södermalm « 93

Quirliger Medborgarplatsen

1 Medborgarplatsen
Karte D5

Der »Bürgerplatz« ist Zentrum zahlreicher kommunaler Aktivitäten. Im Sommer laden Biergärten und Straßencafés zum Verweilen ein, im Winter ist die Eislaufbahn beliebt. Auf dem Platz beginnen die Feierlichkeiten zum Maifeiertag *(siehe S. 61)*. Am Medborgarplatsen befindet sich auch das Shoppingcenter Saluhall mit Läden, Bars, Restaurants und einem Kino.

2 Långholmen
Karte A4

Viele Stockholmer besuchen die Insel zum Spazierengehen, Picknicken und Schwimmen. Von 1880 bis 1975 war sie Standort des größten Gefängnisses des Landes. In der Haftanstalt wurde 1910 die letzte Hinrichtung in Schweden vollstreckt. Heute dient das Gefängnis als Hotel

Kanuten vor Långholmen

mit Jugendherberge *(siehe S. 116)*. Långholmen lockt mit Stränden und Open-Air-Bühnen. Das Ostufer mit der alten Schiffswerft Mälarvarvet bietet Blick auf Gamla stan.

3 SoFo
Karte D6 ■ www.sofo-stockholm.se

SoFo, die Abkürzung für »South of Folkungagatan«, ist eine Anspielung auf die Stadtteile Soho/SoHo in London/New York. Das Viertel prägen originelle Läden, deren Angebot von Kleidung, Schmuck und Design über Haushaltswaren bis zu Musik reicht. SoFo bietet zudem eine blühende Restaurant- und Barszene. Bei der SoFo Night am letzten Donnerstag im Monat öffnen viele Händler bis spätnachts und locken mit Sonderangeboten.

4 Monteliusvägen
Karte L6

Der 1998 angelegte, rund 500 Meter lange Fußweg verläuft an einem Hang des Ivar Los park. Er wird an einer Seite von alten Häusern gesäumt und bietet einen herrlichen Blick über den Mälaren auf Stadshuset, Gamla stan und Riddarholmen. Um die bei Sonnenaufgang und Sonnenuntergang besonders reizvolle Aussicht genießen zu können, stehen Bänke und Picknicktische bereit. Im Winter ist der Weg bisweilen sehr glatt. An der Blecktornsgränd, die im Osten zum Mariatorget führt, findet man gemütliche Cafés.

> **Stieg Larssons Stockholm**
>
> Durch die *Millennium*-Trilogie von Stieg Larsson (1954–2004) wurde Södermalm international bekannt, durch die Hollywood-Verfilmung von *Verblendung* (2011) weltweit berühmt: Sequenzen wurden in dem Viertel gedreht. Die »Millennium Tour« des Stadsmuseet führt zu den Schauplätzen und zu Larssons Lieblingscafé, der Mellqvist Kaffebar.

⑤ Fotografiska
Karte E5 ▪ Stadgårdshamnen 22 ▪ +46 8 5090 0500 ▪ tägl. 10–23 Uhr ▪ Eintritt ▪ www.fotografiska.com/sto

Das 2010 als Zentrum für zeitgenössische Fotografie eröffnete Museum besitzt zahlreiche Werke berühmter Fotografen. Das am Wasser gelegene, 1906 errichtete Backsteingebäude war einst ein Zollhaus. Es beherbergt auch ein Bistro, ein Café und eine Bar.

Grün und beschaulich: Mariatorget

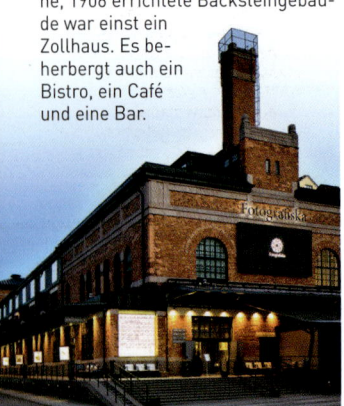

Historisches Gebäude des Fotografiska

⑥ Projekt Persikan
Karte F6 ▪ Tegelsviksgatan 22

Unterhalb des SL-Busdepots – am einstigen Standort des Spårvägsmuseet – initiierte die Stadt Stockholm im Jahr 2019 ein umfangreiches Neubauprojekt mit dem Ziel, brachliegende städtische Flächen zu entwickeln. Im Rahmen des Projekts werden auf Södermalm sieben Blöcke mit mehr als 100 Wohneinheiten entstehen. Das Spårvägsmuseet (www.sparvagsmuseet.sl.se) bezog 2021 einen neuen Standort in Norra Djurgårdsstaden.

⑦ Mariatorget
Karte C5

Der schöne Platz mit Brunnen ist ganzjährig ein beliebter Treffpunkt und im Sommer ideal für ein Sonnenbad mitten in der Stadt. Bei Erkundungstouren empfiehlt er sich für eine Rast. In der Südwestecke steht die methodistische Kirche Sankt Paulskyrkan (1876). Am Mariatorget sowie in den umliegenden Straßen S:t Paulsgatan, Krukmakargatan und Swedenborgsgatan kann man gut shoppen und essen gehen.

⑧ Mosebacke & Mosebacke torg
Karte D5

Dank der Konzerte und Theateraufführungen im Södra Teatern mit der dazugehörigen Bar hat sich das Areal zu einem Kulturzentrum entwickelt. Bei schönem Wetter ist die große Terrasse der Södra Bar jeden Abend gut besucht. Am erheblich ruhigeren Mosebacke torg verkauft im Sommer ein Café Zimtschnecken.

⑨ Skånegatan
Karte D6

Die Skånegatan ist die Lebensader von SoFo und eine der interessantesten Straßen von Stockholm. Sie wird von Designläden und alternativen Bars wie der Snotty Sounds Bar und der Bar Agrikultur *(siehe S. 96)* gesäumt. Familien zieht es tagsüber in das Areal rund um den Nytorget.

Södermalm « 95

Im Vitabergsparken finden im Sommer Konzerte und Tanzveranstaltungen statt. Die Bars und Restaurants der Gegend sind immer gut besucht.

⑩ Tantolunden
Karte B6

In dem Park am Ufer der Bucht Årstaviken trifft man sich im Winter zum Schlittenfahren und im Sommer zum Schwimmen und Picknicken. An schönen Wochenenden herrscht reger Betrieb. Die Anlage beinhaltet einen Spielplatz, einen Golfplatz, Beachvolleyballplätze und Cafés. Sie dient zudem als Veranstaltungsort für Festivals, u. a. für die alljährliche Stockholm Pride *(siehe S. 60)*. Abseits der Menschenmengen führt ein Spaziergang durch gepflegte Schrebergärten. Das Hotel Zinkensdamm *(siehe S. 116)* bietet Übernachtungsmöglichkeiten.

Parkidylle Tantolunden

Spaziergang

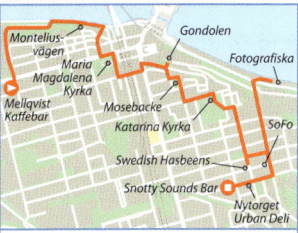

▶ Vormittags

Beginnen Sie den Tag mit einem Frühstück in der **Mellqvist Kaffebar** *(siehe S. 96)*, bevor Sie zuerst der Torkel Knutssonsgatan und dann dem malerischen Fußweg **Monteliusvägen** in Richtung Slussen folgen. Genießen Sie den Blick über den Mälaren und spazieren Sie weiter zur Hornsgatan, wo die **Maria Magdalena Kyrka** *(siehe S. 41)* auf Sie wartet. Über Slussen ragt, wie ein Kran, der nicht mehr betriebene Freiluftaufzug Katarinahissen auf. Oben serviert das gehobene Restaurant **Gondolen** *(siehe S. 97)* Mittagessen mit toller Aussicht.

Nachmittags

Vom Gondolen ist es nicht weit zum malerischen **Mosebacke**. Bei schönem Wetter kann man auf dem hübschen Platz wunderbar rasten oder flanieren. Von Mosebacke bummeln Sie die Östgötagatan den Berg hinab. Ein lohnender kleiner Umweg führt zur **Katarina Kyrka** *(siehe S. 41)*. Überqueren Sie die Folkungagatan und machen Sie in SoFo einen Bummel durch die Designerläden, zu denen **Swedish Hasbeens** *(siehe S. 56)* gehört. In Richtung Norden gelangen Sie über die Renstiernas gata und die Söderbergs trappor zum Museum **Fotografiska** an der Stadsgårdshamnen. Das Museum präsentiert regelmäßig erstklassige Ausstellungen. Zurück in der Skånegatan können Sie zum Abendessen im **Nytorget Urban Deli** *(siehe S. 97)* einkehren und anschließend einen Drink in der **Snotty Sounds Bar** *(siehe S. 96)* genießen.

Siehe Karte S. 92

Cafés, Kneipen & Bars

1 Greasy Spoon
Karte E5 ■ Tjärhovsgatan 19
■ Mo–Fr 8–16 Uhr, Sa & So 9–17 Uhr
■ www.greasyspoon.se

In dem beliebten Café genießt man Brunch britischer Art – mit Eggs Benedict und dergleichen *(siehe S. 53)*.

2 Morfar Ginko & Pappa Ray Ray
Karte C5 ■ Swedenborgsgatan 13
■ +46 8 641 1340 ■ Mo–Do & Sa 17–1 Uhr, Fr 16–1 Uhr

Im Sommer werden im hübschen Hinterhof oder an Tischen an der Straße Snacks und ganze Mahlzeiten serviert.

3 Café & Bageri Pascal
Karte D6 ■ Skånegatan 76
■ +46 8 316 110 ■ Mo–Fr 7–18 Uhr, Sa & So 8–17 Uhr

Das Café wurde von drei Geschwistern mit der gleichen Leidenschaft für exzellenten Kaffee eröffnet. Es ist auch für die hervorragenden Sandwiches bekannt.

4 Häktet
Karte C5 ■ Hornsgatan 82
■ +46 8 845 910 ■ Mo–Mi 17–1 Uhr, Do–Sa 17–3 Uhr ■ www.haktet.se

Die Bar in einem ehemaligen Gefängnis bietet gute Speisen, Biere, Weine und Cocktails *(siehe S. 51)*.

5 Bar Agrikultur
Karte E6 ■ Skånegatan 83
■ +46 8 644 2420 ■ Di–Fr 17–24 Uhr, Sa 13–24 Uhr, So 13–22 Uhr ■ www.baragrikultur.com

Das beliebte Bistro verwendet Biozutaten aus der Region. Zu den Gerichten im Tapas-Stil zählen Wildschweinsalami und Rote Bete.

6 Mellqvist Kaffebar
Karte C5 ■ Hornsgatan 78
■ +46 7 6875 2992 ■ Mo–Fr 7–18 Uhr, Sa & So 9–18 Uhr

Das für den hervorragenden Kaffee bekannte Lokal serviert auch gutes Frühstück *(siehe S. 53)*.

Altmodischer Tresen im Kvarnen

7 Kvarnen
Karte D5 ■ Tjärhovsgatan 4
■ +46 8 643 0380 ■ Mo & Di 11–1 Uhr, Mi–Sa 11–3 Uhr, So 12–23 Uhr

Das traditionelle Bierlokal verwandelt sich am Wochenende in einen Club *(siehe S. 50f)*.

8 Babylon
Karte D5 ■ Björns Trädgårdsgränd ■ +46 8 640 8083 ■ Mo–Fr 11–24 Uhr

Die lange, schmale Bar liegt versteckt in einem Park gegenüber dem geschäftigen Medborgarplatsen. Sie ist zu jeder Tages- und Jahreszeit einladend.

9 Snotty Sounds Bar
Karte D6 ■ Skånegatan 90
■ +46 8 644 3910 ■ tägl. 16–1 Uhr

Anders als die meisten Musikbars im Zentrum Stockholms präsentiert sich das Snotty Sounds nicht schick und elegant. Die Wände zieren Bilder von Punk- und New-Wave-Ikonen. Am Wochenende ist die Bar oft überfüllt *(siehe S. 50)*.

10 Johan & Nyström
Karte C5 ■ Swedenborgsgatan 7
■ +46 8 5302 2440 ■ Mo–Fr 8–18 Uhr, Sa & So 9–18 Uhr ■ www.johanochnystrom.se

Der Concept Store der Rösterei bietet nachhaltigen, fair gehandelten Kaffee *(siehe S. 52)*.

Siehe Karte S. 92

Restaurants

> **Preiskategorien**
> Preis für ein Drei-Gänge-Menü pro Person mit einer halben Flasche Wein, inkl. Steuern und Service.
> ⓚ unter 700 K   ⓚⓚ 700–1000 Kr
> ⓚⓚⓚ über 1000 Kr

❶ Calexico's
Karte A5 ▪ Hornstulls strand 4 ▪ +46 8 658 6350 ▪ Di–Do 17–23 Uhr, Fr & Sa 17–1 Uhr, So 11–16 Uhr ▪ ⓚ

Die kalifornisch-mexikanische Fusionsküche und die Cocktails sind exzellent *(siehe S. 54)*.

❷ Meatballs for the People
Karte D5 ▪ Nytorgsgatan 30 ▪ +46 8 466 6099 ▪ Fr & Sa 11–23 Uhr, So–Do 11–21 Uhr ▪ ⓚ

Köttbullar werden auf 14 verschiedene Arten zubereitet *(siehe S. 55)*.

❸ Nytorget Urban Deli
Karte E6 ▪ Nytorget 4 ▪ +46 8 5990 9180 ▪ Mi & Do 8–24 Uhr, Fr & Sa 8–1 Uhr, So–Di 8–23 Uhr ▪ ⓚ

Das Lokal mit Bar und Feinkostladen verströmt New Yorker Flair *(siehe S. 54)*.

❹ Vina
Karte E6 ▪ Sofiagatan 1 ▪ +46 70 406 6626 ▪ Di–Do 17–22 Uhr, Fr 16–23 Uhr, Sa 14–23 Uhr ▪ ⓚ

Auf der Karte stehen Tapas, saisonale Gerichte und Bio-Weine.

❺ Gondolen
Karte D5 ▪ Stadsgården 6 ▪ +46 8 641 7090 ▪ Mo 17–23 Uhr, Di–Fr 17–1 Uhr, Sa 16–1 Uhr (Mo–Fr auch 11.30–14.30 Uhr) ▪ ⓚⓚ

Das Gondolen bietet zu grandioser Aussicht erstklassige Mittagsmenüs.

❻ Tjoget
Karte A5 ▪ Hornsbruksgatan 24 ▪ +46 8 220 021 ▪ Mo–Do 16–1 Uhr, Fr 16–3 Uhr, Sa 12–3 Uhr, So 12–1 Uhr ▪ ⓚ

Das Restaurant mit Bar ist ein beliebter Treffpunkt nach Feierabend. Auch spätabends ist das Lokal im Szeneviertel Hornstull stets sehr gut besucht.

❼ Punk Royale
Karte E5 ▪ Folkungagatan 128 ▪ Di–Fr 18–24 Uhr (nur mit Onlinereservierung) ▪ www.punkroyale.se ▪ ⓚⓚⓚ

Der Newcomer der Stockholmer Restaurantszene erweitert das Repertoire mit kreativen Gerichten in lebhafter Atmosphäre *(siehe S. 55)*.

❽ Deli Di Luca
Karte E5 ▪ Folkungagatan 110 ▪ +46 8 644 0420 ▪ Mo & Di 11–22 Uhr, Mi–Fr 11–23 Uhr, Sa 12–23 Uhr ▪ ⓚ

Die italienischen Gerichte mit nordischen Einflüssen gibt es auch zum Mitnehmen.

❾ Hermans
Karte E5 ▪ Fjällgatan 23b ▪ +46 8 643 9480 ▪ tägl. 11–21 Uhr ▪ ⓚ

Das Lokal zelebriert die vegetarische Küche in ihrer ganzen Vielfalt.

❿ Pelikan
Karte D6 ▪ Blekingegatan 40 ▪ +46 8 5560 9090 ▪ Mo–Do 17–24 Uhr, Fr & Sa 13–1 Uhr, So 13–23 Uhr ▪ ⓚ

In der traditionellen Bierhalle aus dem 17. Jahrhundert genießt man klassische schwedische Küche.

Historisches Ambiente im Pelikan

Abstecher

In Stockholms Umgebung liegen viele spannende Ziele. Mit einer SL-Zeitkarte *(siehe S. 106)* ist man bis Nynäshamn im Süden und im Norden über Norrtälje hinaus günstig unterwegs. Der Nationalpark Tyresö ist per Bus gut zu erreichen. Uppsala lohnt einen Ausflug mit dem Zug. Stockholms Skärgård ist mehr als einen Tagesausflug wert.

Reizendes Uppsala

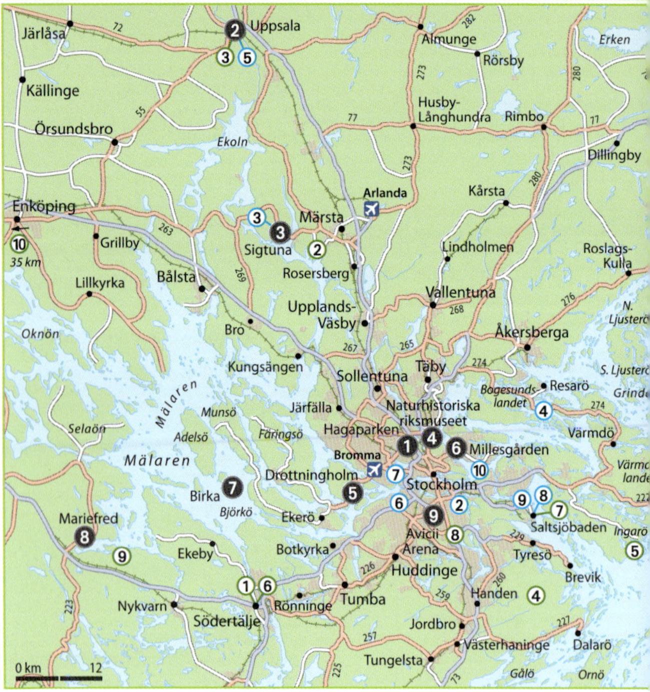

Abstecher « 99

① Hagaparken

In dem Park wechseln sich Rasenflächen mit Gehölzen ab. Die von Bäumen gesäumten verschlungenen Spazierwege führen an Pavillons und romantischen Ruinen vorbei. Der Hagaparken am Nordrand Stockholms ist per Bus erreichbar (siehe S. 34f).

② Uppsala

Die viertgrößte Stadt Schwedens ist Sitz einer 1477 gegründeten Universität. Im malerischen Uppsala steht ein prächtiger Dom. Von Stockholm fahren regelmäßig Züge in weniger als einer Stunde in die Stadt.

③ Sigtuna

Schwedens älteste Stadt wurde 980 gegründet. Sie bietet niedrige Holzhäuser, viele Cafés, interessante Kunsthandwerksläden,

Ruinen von Sankt Olof, Sigtuna

ein reizendes Museum und die Ruinen der Kirchen Sankt Olof und Sankt Per. Von Stockholm nimmt man den Vorortzug bis Märsta, dann folgt eine kurze Busfahrt. Im Sommer fahren Boote von Stockholm über den Mälaren nach Sigtuna.

④ Naturhistoriska riksmuseet

Karte C1 ■ Frescativägen 40 ■ +46 8 5195 4000 ■ Di–Fr 11–17 Uhr, Sa & So 10–18 Uhr (Aug: tägl. 10–18 Uhr) ■ Eintritt ■ www.nrm.se

Das naturgeschichtliche Museum widmet sich mit unterhaltsamen interaktiven Exponaten den Naturwissenschaften. Die Themen reichen vom Ursprung des Lebens bis zu Polarexpeditionen und Bodenschätzen. Im IMAX-Kino Cosmonova erlebt man Abenteuer mit Dinosauriern oder im Weltraum (siehe S. 49).

Exponat im Naturhistoriska riksmuseet

① **TOP10-Attraktionen** siehe S. 99–101

① **Cafés & Restaurants** siehe S. 103

① **Dies & Das** siehe S. 102

Schloss Drottningholm

> **Carl Milles**
>
> Schwedens berühmtester Bildhauer Carl Milles (1875–1955) lebte als Assistent von Auguste Rodin in Paris und über 20 Jahre lang in den USA – dort stehen seine Skulpturen in vielen bedeutenden öffentlichen Gebäuden. Milles und seine Frau Olga kauften das Haus am Millesgården im Jahr 1906, die weitläufigen Terrassen legten sie in den folgenden 50 Jahren an.

⑤ Schloss Drottningholm

Ein wunderschöner Tagesausflug führt zur UNESCO-Welterbestätte Schloss Drottningholm. Das Gebäude aus dem 17. Jahrhundert ist Wohnsitz der königlichen Familie *(siehe S. 24f)*.

⑥ Millesgården Museum

Herserudsvägen 32, Lidingö ▪ +46 8 446 7590 ▪ Di – So 11–17 Uhr ▪ Eintritt ▪ www.millesgarden.se

In dem Park in Uferlage stehen Skulpturen des Bildhauers Carl Milles auf Terrassen unterhalb des einstigen Hauses des Künstlers. 1936 stifteten Carl Milles und seine Frau Olga Millesgården dem schwedischen Staat. Auf dem Anwesen werden streng limitierte Abgüsse der Kunstwerke verkauft. Zum Park führt die Tram ab Ropsten.

⑦ Birka

Birka ist als Standort einer Wikingersiedlung aus dem 8. bis 9. Jahrhundert UNESCO-Welterbestätte. Da nur die unter der Erde begrabenen Relikte erhalten sind, zeigt ein Museum, wie die Stadt aussah und funktionierte, sowie einige bemerkenswerte Funde. Die Insel selbst ist unberührt und nur von Schafen und Stierkälbern bevölkert. Im Sommer fahren Boote nach Birka.

Wikingermünze, Birka

⑧ Mariefred

Die Stadt bezaubert mit engen Gassen und Holzhäusern aus dem 18. und 19. Jahrhundert. Berühmteste Attraktion ist das märchenhafte Schloss Gripsholm. Zu dem Ausflugsziel fährt im Sommer das Dampfschiff S/S *Mariefred* vom Stadshuskajen am Stadshuset um 10 Uhr morgens ab. Zur Rückfahrt legt es in Mariefred um 16.30 Uhr ab. In den Sommermonaten kann man auch mit dem Zug nach Läggesta und von dort weiter mit der Museumseisenbahn Östra Södermanlands Järnväg nach Mariefred fahren. Auf dem Ausflug lohnt auch ein Abstecher zum Taxinge slott *(siehe S. 102)*.

Schloss Gripsholm, Mariefred

Abstecher « 101

⑨ Avicii Arena
Globentorget 2 ■ +46 8 600 9100 ■ Mo–Fr 10–18 Uhr, Sa & So 10–16 Uhr (im Sommer länger) ■ Eintritt für Skyview ■ www.stockholmlive.com

Die Sport- und Konzerthalle ist das größte sphärische Gebäude der Welt. Man kann in einer gläsernen Gondel, die auf Schienen an der Außenhaut des Bauwerks verläuft, auf das Dach fahren und den Ausblick genießen. Die Fahrten sollte man im Voraus buchen, denn sie werden häufig für Hochzeiten reserviert. Die früher Ericsson Globe genannte Halle wurde 2021 zu Ehren des verstorbenes schwedischen DJs Avicii umbenannt *(siehe S. 47)*.

Rödlöga in Stockholms Skärgård

⑩ Stockholms Skärgård
Wer den gesamten Schärengarten vor Stockholm erforschen möchte, benötigt sicherlich einige Wochen. Die Schönheit des Archipels offenbart sich jedoch bereits bei einem kurzen Ausflug. Hauptort ist Vaxholm mit gut erhaltenen Holzhäusern (Anfang 20. Jh.) in Pastelltönen. Am Hafen befinden sich bezaubernde Restaurants und Cafés. Vaxholm ist von Stockholm aus mit Schiffen des Anbieters Waxholmsbolaget sowie mit dem Bus 670 erreichbar *(siehe S. 16–19)*.

Ausflug nach Uppsala

▶ Vormittags

Uppsala ist das perfekte Ziel für einen Tagesausflug. Die meisten Sehenswürdigkeiten liegen im historischen Westteil der Stadt. Vom Bahnhof ist es ein schöner Spaziergang ins Stadtzentrum. Vor dem Bahnhof halten Sie sich rechts und bummeln Richtung Norden zum schönen botanischen Garten **Linnéträdgården** mit dem **Linnémuseet**. Danach überqueren Sie den Fluss und folgen dem Wasser zum **Dom von Uppsala** (13. Jh.). In dem höchsten Kirchengebäude Skandinaviens befindet sich das Grab von König Gustav I. Wasa. Nur einen Katzensprung entfernt lockt das Restaurant **Hambergs Fisk** *(siehe S. 103)*. Die Mittagsmenüs bieten im Vergleich zu den À-la-carte-Gerichten am Abend ein gutes Preis-Leistungs-Verhältnis.

Nachmittags

An der Ostseite des Bahnhofs liegt die Endstation der **Schmalspurbahn Lennakatten** *(siehe S. 102)*. Der kleine Museumszug fährt 32 Kilometer durch Wälder und an Seen vorbei nach **Marielund**. Unterwegs hält er an sechs Bahnhöfen. Für die Hin- und Rückfahrt sollten Sie rund zwei Stunden einplanen – so bleibt noch reichlich Zeit für einen Bummel und eine Erfrischung im Bahnhofscafé. Von Uppsala fahren bis spätabends pro Stunde rund drei Züge direkt nach Stockholm. Wer in Uppsala zu Abend essen möchte, kann gegen 22 Uhr den letzten Zug nach Stockholm nehmen.

Siehe Karte S. 98f

Dies & Das

① Torekällberget, Södertälje
Källgatan 15, Södertälje ▪ +46 8 5230 1422 ▪ tägl. 10–16 Uhr (Juni–Aug: bis 17 Uhr) ▪ www.sodertalje.se/torekallberget

Das Freilichtmuseum präsentiert ein Dorf und Tiere, die einst auf Bauernhöfen gehalten wurden.

② Steninge slott
Steninge Slottsväg 141, Märsta ▪ Zug von Stockholm nach Märsta, dann Bus 580 nach Steninge ▪ +46 8 5925 9500 ▪ Mo–Fr 11–18 Uhr, Sa & So 10–17 Uhr

Das Barockschloss am Mälaren bietet einen Weihnachtsmarkt.

③ Schmalspurbahn Lennakatten, Uppsala
Uppsala Östra station, Uppsala ▪ +46 1 813 0500 ▪ Juni–Anfang Sep ▪ Eintritt ▪ www.lennakatten.se

Eine Dampflok zieht die Schmalspurbahn ab Uppsala an dichten Wäldern und Seen vorbei.

Nationalpark Tyresta

④ Nationalpark Tyresta
Tyresta, Vendelsö ▪ +46 8 745 3394

In dem Nationalpark, 20 Kilometer außerhalb von Stockholm, kann man in unberührter Natur wandern.

⑤ Björnö
Karte H2 ▪ Bus 428, 429

Das Naturschutzgebiet auf Ingarö bietet Strände und Zeltplätze.

Freifallturm, Tom Tits Experiment

⑥ Tom Tits Experiment, Södertälje
Storgatan 33, Södertälje ▪ +46 8 5502 2500 ▪ tägl. 10–17 Uhr ▪ Eintritt ▪ www.tomtit.se

Das mit Attraktionen gespickte interaktive Wissenschaftsmuseum begeistert Besucher jeden Alters.

⑦ Saltsjöbaden
Der Badeort ist mit dem Bummelzug Saltsjöbanan erreichbar. Das Stationshuset dient als Biocafé mit Mittagessen und Imbiss.

⑧ Skogskyrkogården
Skogskyrkogården ▪ +46 8 5083 1730

Der Friedhof mit dem Grab Greta Garbos ist UNESCO-Welterbe.

⑨ Taxinge slott
Taxinge slott, Taxinge ▪ +46 1 597 0114 ▪ variierende Öffnungszeiten ▪ www.taxingeslott.se

In dem Schloss kann man an einem Büfett aus rund 65 hausgemachten Kuchen wählen.

⑩ Västerås
Die Stadt, eine der ältesten Schwedens, bietet Museen, eine Kathedrale, einen botanischen Garten und viele Läden.

Siehe Karte S. 98f

Cafés & Restaurants

① Finnhamns Café & Krog
Finnhamns brygga ■ +46 8 5424 6412 ■ Juni – Aug: tägl. 11.30 – 15 Uhr & ab 17 Uhr; Mai, Sep & Okt: Sa & So 11 – 24 Uhr ■ Ⓚ

Auf der Terrasse genießt man bei köstlichen Speisen einen wunderbaren Ausblick.

> **Preiskategorien**
> Preis für ein Drei-Gänge-Menü pro Person mit einer halben Flasche Wein, inkl. Steuern und Service.
>
> Ⓚ unter 700 Kr   ⓀⓀ 700 – 1000 Kr
> ⓀⓀⓀ über 1000 Kr

② Nya Carnegiebryggeriet
Ljusslingan 15 – 17 ■ +46 8 5106 5082 ■ Di – Fr 11 – 20.30 Uhr, Sa 13 – 20.30 Uhr ■ Ⓚ

Die Brauerei mit Bar und Restaurant ist sehr beliebt *(siehe S. 50)*.

③ Båthuset
Hamnen, Sigtuna ■ +46 7 2174 6454 ■ Mai – Sep: Di – Sa 18 – 22 Uhr; Okt – Apr: Mi – Sa 18 – 21 Uhr ■ Ⓚ

Das gemütliche schwimmende Restaurant bietet erstklassige Speisen.

④ Vaxholms Hembygdsgårds Café
Trädgårdsgatan 19, Vaxholm ■ +46 8 541 319 80 ■ Mai: Sa & So; Juni – Mitte Sep: tägl. ■ Ⓚ

Das nette Café am Ufer serviert leichte schwedische Gerichte wie Salate, Waffeln und Sandwiches.

⑤ Hambergs Fisk
Fyristorg 8, Uppsala ■ +46 1 871 21 50 ■ Di – Sa 11.30 – 22 Uhr ■ Ⓚ

Das Fischrestaurant mit dem Flair eines französischen Bistros verkauft auch Fisch zum Mitnehmen.

⑥ Landet
LM Ericssons väg 27, Telefonplan ■ +46 8 410 193 20 ■ Mo & Di 16 – 23 Uhr, Mi & Do 16 – 24 Uhr, Fr & Sa 16 – 1 Uhr ■ Ⓚ

Das Landet ist Restaurant, Bar, Club und Konzertbühne *(siehe S. 51)*.

⑦ Sjöpaviljongen
Traneberg Strand 4, Bromma ■ +46 8 704 0424 ■ Mo – Fr 11.15 – 22 Uhr, Sa 12 – 22 Uhr, So 12 – 21 Uhr ■ Ⓚ

Die hübsche Terrasse des am Ufer gelegenen Restaurants ist an Sommerabenden ein beliebtes Ziel.

⑧ Stationshuset i Saltsjöbaden
Bahnhof Saltsjöbaden ■ +46 8 5562 6600 ■ tägl. 9 – 17 Uhr ■ Ⓚ

Das Café an der Endstation der Züge von Slussen zum Badeort Saltsjöbaden serviert Biospeisen.

⑨ Skärgårdskrogen i Saltsjöbaden
Vikingavägen 17a, Saltsjöbaden ■ +46 8 717 1560 ■ Sep – Apr: Mo – Fr 10.30 – 14 Uhr; Mai – Aug: tägl. ab 10.30 Uhr ■ Ⓚ

Das Lokal in Stockholms Skärgård liegt eine kurze Zugfahrt von Slussen entfernt.

⑩ Rökeriet, Fjäderholmarna
Fjäderholmarna ■ +46 8 716 5088 ■ Mai – Anfang Sep: tägl. 12 – 22 Uhr

Das idyllisch gelegene Lokal ist auf Fisch und Seafood spezialisiert.

Rökeriet in Uferlage

Reise-Infos

Verbindungstunnel in der Tunnelbana,
Stockholms U-Bahn-System

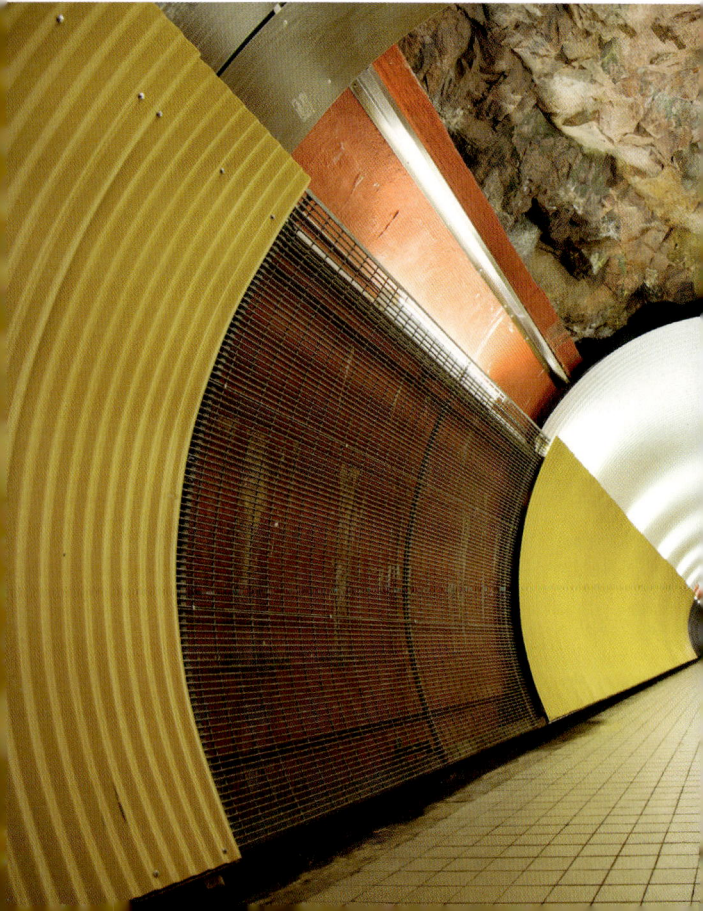

Anreise & In Stockholm unterwegs	**106**
Praktische Hinweise	**108**
Hotels	**112**
Textregister	**118**
Bildnachweis & Impressum	**124**
Sprachführer	**126**

Anreise & In Stockholm unterwegs

Anreise mit dem Flugzeug

Der **Flughafen Arlanda** ist der wichtigste internationale Flughafen der Region. Er liegt 37 Kilometer nördlich von Stockholm. Mehrere deutsche Städte sowie Wien und Zürich sind per Direktflug mit Stockholm verbunden. Zu den Anbietern zählen **Austrian**, **Eurowings**, **Lufthansa**, **SAS** und **Swiss**. Die Terminals 2 und 5 sind internationalen Flügen vorbehalten. Inlandsflüge werden an den Terminals 3 und 4 abgefertigt.

Mit den Zügen des **Arlanda Express** gelangt man in ca. 20 Minuten zu Stockholms Hauptbahnhof im Stadtzentrum. Die SL-Vorortzüge benötigen vom Bahnhof SkyCity rund 40 Minuten in die Innenstadt. Etwa genauso lang dauert die Fahrt mit dem Bus. Taxis verlangen einen Festpreis für die Fahrt in die Innenstadt.

Der Flughafen **Stockholm Skavsta** befindet sich 100 Kilometer südlich von Stockholm bei Nyköping. Er wird überwiegend von Billigfluglinien bedient. Busse benötigen rund 90 Minuten nach Stockholm, ab Nyköping fahren auch Züge.

Anreise mit dem Zug

Stockholms centralstation (Stockholm C) ist der Hauptbahnhof der Stadt und Schwedens wichtigster Knotenpunkt für regionale und internationale Zugreisen. Alle zwei Stunden verkehren Züge zwischen Stockholm und Kopenhagen über Malmö.

Das Eisenbahnunternehmen **SJ** unterhält die meisten Fernstrecken, daneben gibt es einige regionale Betreiber. Preisgünstige Tickets werden 90 Tage vor Reisedatum ausgegeben, sie sind aber rasch ausverkauft. Die SL-Vorortzüge in Stockholm werden von **Storstockholms Lokaltrafik** (SL) betrieben.

Anreise mit dem Auto

Die Öresundbrücke zwischen Dänemark und Schweden ist mautpflichtig (65 Euro pro Pkw). Ab der Brücke führt die Autobahn E4 550 Kilometer nach Stockholm. Seit 2016 gilt die City-Maut in Stockholm auch für Fahrzeuge, die im Ausland registriert sind. Sie beträgt je nach Tageszeit zwischen 11 und 45 Kronen.

Anreise mit dem Schiff

Zwischen Stockholm und Finnland (Helsinki, Turku), Estland (Tallinn) und Lettland (Riga) verkehren Fähren. Von Danzig fahren Schiffe nach Nynäshamn 60 Kilometer südlich von Stockholm.

U-Bahn

Das U-Bahn-Netz der Tunnelbana (T-bana) besteht aus drei Hauptlinien (rot, grün und blau), die sich alle am zentralen U-Bahnhof T-Centralen kreuzen. Die Züge verkehren wochentags bis Mitternacht, freitags und samstags sowie an Feiertagen rund um die Uhr.

Tickets der Verkehrsgesellschaft Storstockholms Lokaltrafik (SL) gelten für Bus, Tram und Tunnelbana sowie in Vorortzügen.

Es gibt nur elektronische Tickets, die auf die für 20 Kronen erhältliche SL Access Card aufgeladen werden müssen. Das Zonenticket für die Innenstadt kostet 39 Kronen. Günstiger sind Zeitfahrkarten für alle Zonen. Sie gelten einen Tag (165 Kr), drei Tage (330 Kr) oder sieben Tage (430 Kr) und auch auf den Fähren und in den historischen Straßenbahnen nach Djurgården. Fahrkarten kann man in den SL-Kundenzentren, an Automaten oder über die Smartphone-App »SL-Journey planner and tickets« erwerben.

Züge

Außerhalb von Stockholm gelegene Ziele sind mit Vorortzügen *(pendeltåg)* bequem und preiswert zu erreichen. Derzeit sind zwischen Bålsta und Nynäshamn, Märsta und Södertälje, Gnesta und Södertälje sowie zwischen Uppsala und Älvsjö vier Linien in Betrieb. Die Züge sind tagsüber im Viertelstundentakt, abends alle 30 Minuten unterwegs. Sie gehören

Anreise & In Stockholm unterwegs « 107

zum SL-Verkehrsverbund, die SL Access Card kann verwendet werden.

Busse & Trams

Stockholms moderne Linienbusse fahren größtenteils bis Mitternacht. Die Hauptlinien werden oft durchgehend bedient, einige Ziele, die weiter außerhalb liegen, werden zudem von Nachtbussen angefahren.

Beachten Sie, dass in Bussen keine Tickets erhältlich sind. Fahrkarten müssen vorab gekauft werden, am einfachsten mit der App »SL-Journey planner and tickets«.

1967 wurde der Straßenbahnbetrieb in Stockholm aus verkehrstechnischen Gründen weitgehend eingestellt. Die einzige Tram in der Stockholmer Innenstadt fährt als Linie 7 von Sergels torg nach Waldemarsudde. Im Sommer sind auf dieser Strecke historische Straßenbahnen nach Djurgården (Linie 7N) unterwegs.

Autoverkehr

Autofahrer benötigen in Stockholm den nationalen Führerschein. Prinzipiell lohnt sich ein Auto allerdings nur dann, wenn man außerhalb der Stadt gelegene Ziele anfahren möchte. Die meisten internationalen Mietwagenfirmen betreiben in Stockholm und am Flughafen Arlanda Büros. Im Stadtzentrum sind die meisten Parkplätze gebührenpflichtig.

Taxi

Taxis sind überall in der Stadt zu finden. Zu den Betreiberfirmen zählen **TaxiKurir**, **Taxi Stockholm** und **Sverigetaxi**. Taxifahrten sind jedoch teuer: Fahrten von der Vorstadt ins Zentrum kosten etwa 300 Kronen, innerhalb der Innenstadt werden rund 150 Kronen berechnet. Prüfen Sie den Preisaushang, der in der Regel am hinteren rechten Seitenfenster zu finden ist.

Fähren

Waxholmsbolaget betreibt zahlreiche Fährverbindungen zu Inseln in Stockholms Skärgård und zu Attraktionen am Mälaren. Von Slussen kommt man per Fähre in zehn Minuten nach Djurgården. SL-Karten sind auf der Strecke gültig.

Radfahren

Stockholm verfügt über ein ausgedehntes Netz von Radwegen. Von Mai bis September vermietet **Rent a Bike** Fahrräder. In den Wintermonaten ist Radfahren nicht zu empfehlen.

Zu Fuß

In vielen Gegenden der Stockholmer Innenstadt sind Spaziergänge die beste Art, die Stadt zu erkunden. Viele Wege sind für Radfahrer und Fußgänger ausgeschildert, aber es gibt auch zahlreiche Fußgängerzonen und Parks.

Anreise mit dem Flugzeug

Flughafen Arlanda
🌐 swedavia.com/arlanda

Flughafen Stockholm Skavsta
🌐 skavsta.se

Arlanda Express
🌐 arlandaexpress.com

Austrian
🌐 austrian.com

Eurowings
🌐 eurowings.com

Lufthansa
🌐 lufthansa.com

SAS
🌐 flysas.com

Swiss
🌐 swiss.com

Anreise mit dem Zug

SJ (Statens Järnvägar)
🌐 sj.se

Stockholms centralstation
🌐 jernhusen.se/hitta-din-station/stockholm-centralstation

Storstockholms Lokaltrafik
🌐 sl.se

Anreise mit dem Schiff

Tallink Silja Line
🌐 tallinksilja.com

Viking Line
🌐 vikingline.se

Taxis

TaxiKurir
🌐 taxikurir.se

Taxi Stockholm
🌐 taxistockholm.se

Sverigetaxi
🌐 sverigetaxi.se

Fähren

Waxholmsbolaget
🌐 waxholmsbolaget.se

Radfahren

Rent a Bike
🌐 rentabike.se

Praktische Hinweise

Einreise & Zoll

Bürger aus EU-Staaten und der Schweiz benötigen für die Einreise einen für die Dauer des Aufenthalts gültigen Personalausweis oder Reisepass. Da viele Behörden und Banken Personalausweise nicht anerkennen, empfiehlt sich der Reisepass. Jedes mitreisende Kind braucht ein eigenes Ausweisdokument. Für einen Aufenthalt von bis zu 90 Tagen ist kein Visum nötig. EU-Bürger dürfen ab einem Alter von 18 Jahren Tabak, ab 20 Jahren Alkohol für den privaten Gebrauch einführen. Informationen erteilt die Schwedische Zollbehörde (Tullverket).

Reise- & Sicherheitshinweise

Deutsche, Österreicher und Schweizer erhalten auf den Websites ihrer **Außenministerien** Reisehinweise und Informationen über die aktuelle Sicherheitslage. Da es wegen unvorhersehbarer Entwicklungen jederzeit zu Änderungen und Einschränkungen kommen kann, stellen die Außenministerien von Deutschland, Österreich und der Schweiz zudem kostenlose Apps zur Verfügung, über die Reisende sofort von Veränderungen der Sicherheitslage erfahren.

Botschaften

Bei Problemen wie dem Verlust von Personalausweis oder Reisepass erhalten Reisende von den Botschaften ihrer Heimatländer Unterstützung.

Versicherung

Gesetzlich versicherte Bürger der EU und der Schweiz haben mit der Europäischen Krankenversicherungskarte (EHIC) ihrer Krankenkasse auch in Schweden Anrecht auf kostenlose medizinische Versorgung. Da die Versicherung Notfallbehandlungen und Folgerezepte, nicht aber Krankenrücktransporte und Zahnbehandlungen abdeckt, ist eine zusätzliche Reiseversicherung – auch für den Fall von Diebstählen und anderen Verlusten – ratsam.

Gesundheit

Die Stockholmer Krankenhäuser sind exzellent. Hotels helfen meist gern bei der Arztsuche. Bei gesundheitlichen Problemen, die keine Notfälle sind, kann man **1177 Vårdguiden** kontaktieren. **City Dental** bietet täglich einen zahnärztlichen Notfalldienst. Die Ärzte sprechen Englisch und oft auch Deutsch.

Viele im Ausland frei erhältliche Medikamente bekommt man in Schweden nur auf Rezept. Apotheken beraten auch bei kleineren Beschwerden.

Sicherheit

Stockholm ist generell eine sichere Stadt. Wer die üblichen Vorsichtsmaßnahmen ergreift, auf seine Wertsachen achtet und nachts dunkle Gegenden meidet, wird kaum auf Schwierigkeiten stoßen. Taschendiebe gehen in überfüllten Bars oft sehr dreist vor.

Allein reisende Frauen begegnen üblicherweise keinen Problemen. Ungewollte Aufmerksamkeit erhalten sie meist von harmlosen Betrunkenen.

Schweden gilt bei Fragen der Homosexualität als eines der liberalsten Länder der Welt. Gesetze verbieten jegliche Diskriminierung aufgrund der sexuellen Veranlagung. Im Gay Happiness Index liegt das Land stets auf einem der ersten Plätze.

Notfälle

Für Polizei, Feuerwehr und Rettungsdienst gilt die europäische Notrufnummer 112. Wenn es sich nicht um einen Notfall handelt, ist die Polizei unter der Telefonnummer 114 14 erreichbar. Diebstähle sollte man sofort bei der Polizei anzeigen, um die für die Versicherung benötigten Unterlagen zu erhalten. Die Polizisten sind freundlich und hilfsbereit und sprechen meist Englisch.

Reisende mit besonderen Bedürfnissen

Stockholm gilt weltweit als eine der Hauptstädte mit der größten Barrierefreiheit. Die U-Bahn ist behindertengerecht ausgebaut und bietet an allen Bahnhöfen barrierefreien Zugang und Aufzüge. Öffentliche Busse sind mit Neigetechnik ausgestat-

Praktische Hinweise « 109

tet. Zusätzlich wurde an rund 360 Bushaltestellen die Bordsteinhöhe angepasst. Außerdem verfügen alle Busse über Rollstuhlrampen. Die meisten Sehenswürdigkeiten sind für körperlich beeinträchtigte Menschen zugänglich und haben behindertengerechte Toiletten. Weitere Informationen bietet der Verband **Delaktighet Handlingskraft Rörelsefrihet** (DHR).

Währung

Schwedens Währung ist die Schwedische Krone *(krona, kronor)*. Sie ist in 100 Öre unterteilt, die kleinste Münze im Umlauf ist jedoch das 1-Kronen-Stück, daneben gibt es 2-, 5- und 10-Kronen-Münzen sowie Banknoten über 20, 50, 100, 200, 500 und 1000 Kronen.

Wechselstuben sind an Bahn- und Busbahnhöfen sowie am Flughafen Arlanda zu finden. An Geldautomaten kann man mit Kredit- oder Debitkarte und PIN rund um die Uhr Schwedische Kronen abheben. Lehnen Sie die Option »Sofortumrechnung« möglichst ab, da hier durch einen extrem schlechten Wechselkurs erhebliche Kosten entstehen.

In größeren Hotels und Restaurants sowie in fast allen Läden, bei Veranstaltern und in Museen werden die gängigen Kreditkarten akzeptiert. Den Verlust Ihrer Karte sollten Sie sofort melden.

Post

Die meisten Filialen des nationalen Postdienstes **PostNord** werden von privaten Dienstleistern geführt – achten Sie auf das blau-gelbe PostNord-Logo vor Zeitschriftenläden und Supermärkten. Briefmarken gibt es in Pressbyrån- und 7/11-Filialen. Blaue Briefkästen sind für Sendungen innerhalb des Stadtgebiets von Stockholm, gelbe Kästen für nationale und internationale Sendungen.

Telefon & Internet

Aus dem Ausland wählt man die Landeskennzahl für Schweden (0046), dann die Ortsvorwahl 8 für Stockholm, dann die Rufnummer des Teilnehmers. Für Gespräche von Schweden ins Ausland sind die Landeskennzahlen 0049 für Deutschland, 0043 für Österreich, 0041 für die Schweiz.

Alle gängigen Smartphones funktionieren in Schweden problemlos. Urlauber aus EU-Staaten telefonieren in Schweden ohne zusätzliche Gebühren auf Basis ihres Mobilfunkvertrags.

Die Versorgung der Privathaushalte mit schnellen Internetanschlüssen ist ausgezeichnet. Daher gibt es in Stockholm wenige Internetcafés. Hotels und Cafés bieten kostenlose WLAN-Hotspots.

Außenministerien

Auswärtiges Amt (Deutschland)
🌐 auswaertiges-amt.de

Bundesministerium für europäische und internationale Angelegenheiten (Österreich)
🌐 bmeia.gv.at

Eidgenössisches Departement für auswärtige Angelegenheiten (Schweiz)
🌐 eda.admin.ch

Botschaften

Deutschland
Skarpögatan 9,
115 27 Stockholm
📞 +46 8 670 1500
🌐 stockholm.diplo.de

Österreich
Kommendörsgatan 35/V,
114 58 Stockholm
📞 +46 8 665 1770
🌐 bmeia.gv.at/oeb-stockholm

Schweiz
Valhallavägen 64,
114 27 Stockholm
📞 +46 8 676 7900
🌐 eda.admin.ch/stockholm

Notfälle

Euronotruf
📞 112

Polizei (kein Notfall)
📞 114 14

Kreditkartenverlust

Allgemeiner Notruf
📞 +49 116 116
🌐 sperr-notruf.de

Gesundheit

1177 Vårdguiden
📞 1177 oder
📞 +46 771 177 00
🌐 1177.se

City Dental
🌐 citydental.se

Reisende mit besonderen Bedürfnissen

Delaktighet Handlingskraft Rörelsefrihet
🌐 dhr.se

Post

PostNord
🌐 postnord.se

Medien

Die großen überregionalen Tageszeitungen **Dagens Nyheter**, **Svenska Dagbladet**, **Aftonbladet** und **Expressen** enthalten auch Veranstaltungshinweise. **Nöjesguiden** ist eine kostenlose Monatszeitschrift mit Informationen zu den Schwerpunkten Unterhaltung, Musik, Film und Nachtleben.

Vor allem im Stadtzentrum bieten die größeren Pressbyrån-Läden eine gute Auswahl an häufig tagesaktuellen internationalen Zeitungen. Das größte Angebot ist in der Filiale im Stockholmer Hauptbahnhof zu finden. Ausländische Presse ist nicht billig: Für die abgespeckten internationalen Ausgaben ist mit rund 25 Kronen zu rechnen.

In Stockholm ist wahrscheinlich kein Hotelzimmer zu finden, in dem kein Fernseher steht. Über Kabel oder Satellit können dort häufig auch deutsche Programme empfangen werden. Im schwedischen Fernsehen werden ausländische Serien und Spielfilme nicht synchronisiert, sondern mit schwedischen Untertiteln versehen.

Öffnungszeiten

Der überwiegende Teil der Sehenswürdigkeiten und großen Museen in Stockholm ist das ganze Jahr über geöffnet, allerdings sind die Öffnungszeiten in den Wintermonaten oft kürzer gehalten. Einige Freiluftattraktionen wie Gröna Lund sind nur im Frühjahr und Sommer für Besucher zugänglich. Größere Läden sind in der Regel jeden Tag im Jahr geöffnet, mit Öffnungszeiten zwischen ca. 8 Uhr und 19 Uhr.

Einige Restaurants und Bars öffnen erst abends und bleiben zum Wochenanfang geschlossen. Die meisten Bars im Stadtzentrum sind bis Mitternacht oder 1 Uhr morgens geöffnet. Nachtbars und Clubs schließen nicht selten erst um 2 oder 3 Uhr morgens (einige wenige sogar erst um 5 Uhr).

Zu Weihnachten und Mittsommer *(siehe S. 61)* sind tatsächlich alle Läden und Lokale geschlossen. Nach Weihnachten und im Sommer, besonders um Mittsommer, ist es normal, dass einige Läden, Bars und Restaurants für ein paar Tage oder sogar eine oder zwei Wochen geschlossen bleiben.

Zeit

In Schweden gilt die Mitteleuropäische Zeit (MEZ). Die Sommerzeit beginnt am letzten Sonntag im März und endet am letzten Sonntag im Oktober wie im restlichen Europa.

Strom

Die Netzspannung ist in Schweden auf 230 Volt und 50 Hz ausgelegt. Die Stecker sind zweipolig, Adapter sind nicht nötig.

Klima & Reisezeit

Die Sommer in Stockholm können sehr warm werden, die Cafés und Restaurants mit Tischen im Freien sind dann gut besucht. Frühjahr und Herbst sind kurz, im Winter muss man sich warm anziehen: Zwischen November und März steigt das Thermometer selten über 0 °C und kann auf bis zu −20 °C fallen.

Von Mai bis August steht die Stadt in voller Blüte und ist nicht überlaufen. Im Hochsommer sind einige Viertel nahezu menschenleer, da die Bewohner Stockholms aufs Land fahren. Bei Großereignissen wie dem Stockholm Marathon im Juni sind Hotelzimmer rar, frühzeitige Buchung wird empfohlen. Im September ist der Himmel blau und die Blätter sind bunt. Stockholm lohnt auch von Dezember bis Februar den Besuch, vor allem in der Vorweihnachtszeit verströmt die schwedische Hauptstadt ein besonders stimmungsvolles Flair.

Information

Visit Stockholm, die offizielle Tourismus-Website der Stadt Stockholm, bietet allerlei Informationen zu Aktivitäten, Sehenswürdigkeiten, Ausflügen, Shopping, Restaurants, Cafés, Bars und Nachtleben. Zudem geben Einheimische viele Insider-Tipps über ihre Stadt preis.

Ausgezeichnete Informationsquellen sind auch die vom Schwedischen Institut (Svenska institutet) betriebene Website **Sweden.se** sowie **Visit Sweden**, Schwedens offizielle Website für Tourismus und Reiseinformationen.

Touren & Ausflüge

Der Reiseveranstalter **Strömma** organisiert Ausflüge sowie Reisen mit Bussen und Schiffen. Bootsausflüge reichen von einer 50-minütigen Fahrt durch die zentralen Kanäle und der Rückfahrt über den Mälarensee nach Drottningholm bis zu Touren durch Stockholms Skärgård.

Shopping-Tipps

Stockholm bietet eine große Auswahl an Läden, von Ketten wie H&M bis hin zu kleinen Boutiquen, Designer- und Secondhandläden, die sich vorwiegend in Östermalm und Gamla stan sowie in den Vierteln SoFo und Götgatan von Södermalm befinden. Zu den großen Kaufhäusern und Malls der Stadt zählen **MOOD**, **Åhléns City**, **Nordiska Kompaniet** (NK), **Sturegallerian** und **Gallerian**. Die Preise unterscheiden sich nicht wesentlich von denen, die man zu Hause für gleichwertige Waren bezahlt. Gerade regionale Designer und Couturiers bieten aber immer wieder Angebote – achten Sie auf *Rea*-Hinweise.

Restaurant-Tipps

Restaurantbesuche in Stockholm gelten zu Recht als teuer. Das gebotene Preis-Leistungs-Verhältnis ist dafür meist beachtlich. Die Restaurantszene der Stadt ist einträglich, was sie abwechslungsreich und konkurrenzfähig macht.

Die meisten Restaurants sind informell. Nur wirklich hochpreisige Lokale, insbesondere die Häuser mit Michelin-Sternen, erwarten eine angemessene Garderobe.

Die Mahlzeiten folgen in der Regel dem dreigängigen Standard: *förrätt* (Vorspeise), *huvudrätt* (Hauptgericht) und *efterrätt* (Dessert), obwohl kleine Teller und gemeinsame Mahlzeiten immer häufiger werden. Zehn Prozent Aufschlag auf die Rechnung sind als Trinkgeld üblich. Die meisten Cafés und Restaurants sind kinderfreundlich und verfügen über Stühle und Wickelmöglichkeiten.

Die mit *dagens* bezeichneten Mittagsmenüs sind preiswert und sättigend. Stockholms Straßenverkäufer und Kioske bieten Speisen für wenig Geld an, deren Qualität man aber von Fall zu Fall kritisch hinterfragen sollte.

Hotel-Tipps

Hotels in Stockholm sind nicht billig, dafür sind die Standards im gesamten Stadtgebiet sehr hoch. Dank des zuverlässigen öffentlichen Verkehrssystems sind auch preiswerte Unterkünfte außerhalb des Stadtzentrums sowie Hostels und Pensionen eine Option.

Alle wichtigen Hotelbuchungsseiten decken die Stadt Stockholm ab. Sonderangebote findet man oft auf Websites wie **Booking.com**, **Expedia** oder **Last Minute**. Privatzimmer oder Apartments können über **Airbnb**, **c/o Stockholm**, **Red Apple Apartments** und andere gemietet werden. Individuelle Erfahrungsberichte findet man u. a. bei **Tripadvisor**.

Medien

Aftonbladet
🌐 aftonbladet.se

Dagens Nyheter
🌐 dn.se

Expressen
🌐 expressen.se

Nöjesguiden
🌐 ng.se

Svenska Dagbladet
🌐 svd.se

Information

Sweden.se
🌐 sweden.se

Visit Stockholm
🌐 visitstockholm.com

Visit Sweden
🌐 visitsweden.com

Ausflüge & Rundreisen

Strömma
🌐 stromma.com

Shopping

Åhléns City
🌐 ahlens.se

Gallerian
🌐 gallerian.se

MOOD
🌐 moodstockholm.se

Nordiska Kompaniet
🌐 nk.se

Sturegallerian
🌐 sturegallerian.se

Unterkünfte

Airbnb
🌐 airbnb.com

Booking.com
🌐 booking.com

c/o Stockholm
🌐 costockholm.com

Expedia
🌐 expedia.com

Last Minute
🌐 lastminute.com

Red Apple Apartments
🌐 redappleapartments.com

Tripadvisor
🌐 tripadvisor.com

Hotels

> **Preiskategorien**
> Preis für ein Doppelzimmer pro Nacht mit Frühstück (falls inklusive), Steuern und Service.
>
> Ⓚ unter 1500 Kr   ⓀⓀ 1500–2500 Kr   ⓀⓀⓀ über 2500 Kr

Luxushotels

Grand Central by Scandic
Karte K2 ▪ Kungsgatan 70 ▪ +46 8 5125 2000 ▪ www.scandichotels.com ▪ Ⓚ

Das in einem 130 Jahre alten Gebäude ansässige Hotel ist nahe dem Hauptbahnhof zentral gelegen. Es bietet Anschluss an den Arlanda Express. In der Acoustic Bar sind Livekonzerte zu hören, das exzellente Mittagsbüfett an Werktagen ist bei den Angestellten aus den umliegenden Büros überaus beliebt.

Clarion Sign
Karte K3 ▪ Östra Järnvägsgatan 35 ▪ +46 8 676 9800 ▪ www.nordicchoicehotels.com ▪ ⓀⓀ

Das Hotel im Stadtzentrum präsentiert sich mit eleganten Möbeln und Schwarz-Weiß-Fotografien typisch skandinavisch. Es bietet ein Spa mit beheiztem Pool im Freien, ein Fitnesscenter, eine Sauna und Blick über Stockholm.

Hotell Reisen
Karte N5 ▪ Skeppsbron 12 ▪ +46 8 1288 1234 ▪ www.hyatt.com ▪ ⓀⓀ

Das im maritimen Stil eingerichtete elegante Hotel befindet sich in der Nähe des Kungliga slottet. Die Standardzimmer bieten Aussicht auf die Altstadt, die Räume der gehobenen Kategorie Blick über das Wasser. Die Luxuszimmer besitzen Sauna, Jacuzzi und Balkon.

Radisson Blu Waterfront Hotel
Karte K4 ▪ Nils Ericssons Plan 4 ▪ +46 8 5050 6000 ▪ www.radissonblu.com ▪ ⓀⓀ

Das moderne Hotel nahe dem Hauptbahnhof ist mit dem 3000 Personen fassenden Stockholm Waterfront Congress Centre verbunden. Es bietet exzellente Businesseinrichtungen. Die Aussicht von den Zimmern ist herrlich.

Elite Eden Park
Karte N1 ▪ Sturegatan 22 ▪ +46 8 5556 2700 ▪ www.elite.se ▪ ⓀⓀⓀ

Das nahe dem Clubviertel Stureplan und dem beschaulichen Humlegården gelegene Hotel mit 124 komfortablen Zimmern verfügt über ein englisches Pub, ein Fitnesscenter und eine Sauna.

Ett Hem
Karte C1 ▪ Sköldungagatan 2 ▪ +46 8 200 590 ▪ www.etthem.se ▪ ⓀⓀⓀ

Das Boutiquehotel in einem stattlichen Gebäude aus dem 20. Jahrhundert mit Garten bietet seinen Gästen luxuriöse, zentrale Unterkunft. Jedes der zwölf Zimmer ist individuell mit klassischen skandinavischen Möbeln eingerichtet.

Grand Hôtel
Karte N4 ▪ Södra Blasieholmshamnen 8 ▪ +46 8 679 3500 ▪ www.grandhotel.se ▪ ⓀⓀⓀ

Schwedens führendes Fünf-Sterne-Hotel ist fantastisch am Ufer gelegen. Es bietet das mit einem Michelin-Stern gekrönte Restaurant Matbaren sowie die für ihre außergewöhnliche Auswahl an Drinks bekannte Cadier Bar.

Hotel Diplomat
Karte P3 ▪ Strandvägen 7c ▪ +46 8 459 6800 ▪ www.diplomathotel.com ▪ ⓀⓀⓀ

Das elegante Hotel in einem Stockholmer Nobelviertel bietet schöne Aussicht über das Wasser auf das nahe gelegene Djurgården und Skeppsholmen. Im Sommer fahren die historischen Straßenbahnen vorbei. In der gemütlichen Cocktailbar kann man abends gut entspannen.

Hotel Rival
Karte C5 ▪ Mariatorget 3 ▪ +46 8 5457 8900 ▪ www.rival.se ▪ ⓀⓀⓀ

Das Hotel ist eines der außergewöhnlichsten in Stockholm. Das Haus wurde von dem ABBA-Mitglied Benny Andersson erworben und zu einem Boutiquehotel umgebaut. Es liegt direkt am grünen Mariatorget im lebendigen Viertel Södermalm. In der Bar legen regelmäßig DJs auf, das Restaurant bietet im Sommer eine Terrasse.

Hotels « 113

Lydmar Hotel
Karte D3 ▪ Södra Blasieholmshamnen 2 ▪ +46 8 223 160 ▪ www.lydmar.com ▪ ⓀⓀⓀ

Das Luxushotel mit Boutiquecharme liegt ruhig mit Blick auf den Hafen von Blasieholmen. Es gibt eine Terrasse im zweiten Stock für Cocktails mit Meerblick. Hotelgäste haben Zugang zum Spa und zum Fitnessraum des nahen Grand Hôtel.

Nobis Hotel
Karte M2 ▪ Norrmalmstorg 2–4 ▪ +46 8 614 1000 ▪ www.nobishotel.se ▪ ⓀⓀⓀⓀ

Das Hotel im Zentrum der Stadt verbindet zeitlosen Stil und moderne Ausstattung. Zum Haus gehören die Gold Bar & Lounge sowie ein italienisches Restaurant mit Bistro.

Boutiquehotels

The Winery Hotel
Rosenborgsgatan 20 ▪ +46 8 146 000 ▪ www.thewineryhotel.se ▪ Ⓚ

Das Hotel im schicken Industrial Design liegt am Rand Stockholms in der Nähe des Sees Brunnsviken, ist aber gut ans Stadtzentrum angebunden. Zum Haus gehören ein Restaurant, eine Weinstube, ein Weinkeller, ein Fitnessstudio und eine Dachterrasse mit Außenpool.

Berns Hotel
Karte M3 ▪ Näckströmsgatan 8 ▪ +46 8 566 3200 ▪ www.berns.se ▪ ⓀⓀ

Das Boutiquehotel im Stadtzentrum ist eine ideale Basis für Ausflüge in das Stockholmer Nachtleben. Im hauseigenen Club legen freitags und samstags (22–4 Uhr) Top-DJs aus dem In- und Ausland auf.

Elite Hotel Marina Tower
Saltsjöqvarns kaj 25 ▪ +46 8 5557 0200 ▪ www.elite.se ▪ ⓀⓀ

Das Hotel ist in einer ehemaligen Mühle aus dem 19. Jahrhundert am Ufer der Nacka untergebracht. Es ist vom Stadtzentrum aus per Fähre zu erreichen. Gästen stehen ein Hammam und ein Schwimmbad zur Verfügung.

Haymarket by Scandic
Karte C3 ▪ Hötorget 13–15 ▪ +46 8 5172 6700 ▪ www.scandichotels.de ▪ ⓀⓀ

In dem Gebäude befand sich einst das Warenhaus PUB, das zu den Wahrzeichen von Stockholm gehörte. Das Hotel lässt das elegante, schwungvolle Flair der 1920er Jahre wieder aufleben. Gäste genießen kostenlosen Zimmerservice, einen Lifestyle-Concierge und auf Wunsch sogar Barkeeper auf dem Zimmer.

Hotel Kungsträdgården
Karte D5 ▪ Trädgårdsgatan 11b ▪ +46 8 440 6650 ▪ www.hotelkungstradgarden.se ▪ ⓀⓀ

Das Hotel in einem Gebäude aus dem 18. Jahrhundert im Zentrum von Stockholm befindet sich neben dem »Königsgarten« in der Nähe der Shoppingviertel. Die individuell im gustavianischen Stil eingerichteten Zimmer verströmen den Charme der Alten Welt.

Miss Clara by Nobis
Karte C2 ▪ Sveavägen 48 ▪ +46 8 440 6700 ▪ www.missclarahotel.com ▪ ⓀⓀ

Das elegante Stadthotel in einer ehemaligen Mädchenschule liegt ideal für die Erkundung von Stockholms Innenstadt. Es bietet Zimmer mit kühlen, modernen Möbeln, Parkett und Designerwäsche sowie eine Bar und ein Restaurant.

Mornington Hotel
Karte N1 ▪ Nybrogatan 53 ▪ +46 8 5073 3000 ▪ www.mornington.se ▪ ⓀⓀ

Das charmante Boutiquehotel in Östermalm überrascht mit einer Bibliothek mit 4000 Bänden. Im Sommer ist der ruhige Patio zugänglich.

Story Hotel
Karte N2 ▪ Riddargatan 6 ▪ +46 8 5450 3940 ▪ www.storyhotels.com ▪ ⓀⓀ

Das ungewöhnliche, klassisch angehauchte Boutiquehotel bietet verschiedene Zimmerarten und steckt voller Leben. Das Restaurant ist im modernen Retrostil gehalten, in der Bar legen an vier Abenden die Woche DJs auf.

Hotel Skeppsholmen
Karte Q5 ▪ Gröna gången 1 ▪ +46 8 407 2300 ▪ www.hotelskeppsholmen.com ▪ ⓀⓀⓀ

Das Hotel erntet von Kritikern höchstes Lob. Es vereint das Flair des Gebäudes aus dem 17. Jahrhundert gekonnt mit modernem Design. Die Lage auf der Insel Skeppsholmen ist wunderschön, mit dem Bus gelangt man schnell ins Zentrum der Stadt.

Hotel with Urban Deli
Karte C2 ■ Sveavägen 44 ■ +46 8 303 050 ■ www.hotelwith.se ■ ⓚⓚⓚ

Das erste Hotel der Restaurantkette Urban Deli liegt komplett unterirdisch. Die fensterlosen Zimmer verfügen über ein Belüftungssystem und sind mit leistungsstarken Sound- und Mediensystemen sowie schnellem Internet ausgestattet.

Villa Källhagen
Karte F3 ■ Djurgårdsbrunnsvägen 10 ■ +46 8 665 0300 ■ www.kallhagen.se ■ ⓚⓚⓚ

Von dem ruhig an dem Kanal von Djurgården gelegenen Hotel ist das Stadtzentrum gut zu erreichen. Die Hotelzimmer sind geschmackvoll eingerichtet. Das angeschlossene Restaurant erhält stets gute Kritiken.

Mittelklassehotels

Park Inn by Radisson Hammarby Sjöstad Hotel
Midskeppsgatan 6 ■ +46 8 5050 7000 ■ www.parkinn.com ■ ⓚⓚ

Das modern ausgestattete Hotel ist in dem relativ jungen Stadtviertel Sjöstaden gelegen. Eine kurze Bootsfahrt über den Kanal bringt Gäste zu den Bussen, die ins Stadtzentrum fahren.

Scandic Anglais
Karte M1 ■ Humlegårdsgatan 23 ■ +46 8 5173 4000 ■ www.scandichotels.se ■ ⓚ

Das Hotel steht ganz im Zeichen der Musik: An sechs Abenden legen DJs auf. Das Scandic Anglais bietet 230 Standardzimmer mit Parkettböden, ein Restaurant und mehrere beliebte Bars. Das Frühstücksbüfett ist im Zimmerpreis inbegriffen.

Scandic Continental
Karte C3 ■ Vasagatan 22 ■ +46 8 5173 4200 ■ www.scandichotels.de ■ ⓚⓚ

Das Hotel wurde für den Bau eines Eisenbahntunnels unter dem Gelände komplett umgebaut. Es zählt zu den modernsten der Kette. Zu den Einrichtungen gehören ein Parkplatz, ein Fitnessstudio, ein gutes Restaurant, mehrere Bars und eine Dachterrasse, auf der man an lauen Sommerabenden herrlich entspannen kann.

Scandic Malmen
Karte D5 ■ Götgatan 49–51 ■ +46 8 5173 4700 ■ www.scandichotels.de ■ ⓚ

Das am Medborgarplatsen gelegene Hotel eignet sich hervorragend als Basis für die Erkundung des Szeneviertels Södermalm. Zum Haus gehören das Bistro Malmen, ein schickes Restaurant mit europäischer Küche und eine Cocktailbar, in der regelmäßig DJs auflegen und Konzerte veranstaltet werden, die man häufig kostenlos besuchen kann.

August Strindberg Hotell
Karte J1 ■ Tegnérgatan 38 ■ +46 8 325 006 ■ ⓚⓚ

Das Hotel liegt ein wenig versteckt in einer ruhigen Seitenstraße nahe der Drottninggatan. Es ist ein guter Ausgangspunkt für Shoppingtouren im Stadtzentrum. In den Sommermonaten wird das Frühstück im bezaubernden Garten serviert.

Central Hotel
Karte K2 ■ Vasagatan 38 ■ +46 8 5662 0800 ■ www.ligula.se/profilhotels/central-hotel-centrala-stockholm ■ ⓚⓚ

Das nette Hotel nahe dem Hauptbahnhof ist vom Flughafen aus gut zu erreichen. Es bietet erschwingliche Zimmer im Herzen der Stadt.

Clarion Hotel Stockholm
Karte D6 ■ Ringvägen 98 ■ +46 8 462 1000 ■ www.nordicchoicehotels.com ■ ⓚ

Das Hotel liegt in einem Wohnviertel von Södermalm nahe der Tunnelbana-Station Skanstull. Die schicke Bar im Obergeschoss mit Blick auf die Avicii Arena ist ein beliebter Treffpunkt von Medienleuten.

Elite Adlon
Karte K2 ■ Vasagatan 42 ■ +46 8 402 6500 ■ www.adlon.se ■ ⓚⓚ

In dem Gebäude aus den 1950er Jahren finden Gäste modern eingerichtete Zimmer vor. Das Hotel liegt in einem geschäftigen Areal nahe den Läden des Stadzentrums und den Haltestellen der Busse zum Flughafen.

Elite Hotel Arcadia
Karte D1 ■ Körsbärsvägen 1 ■ +46 8 5662 1500 ■ www.elitc.se ■ ⓚⓚ

Von dem komfortablen Hotel in einer ruhigen Wohngegend gelangt man mit der Tunnelbana von der Station Tekniska Högskolan rasch ins Zentrum. Die Restaurants und Bars in Vasastan sind zu Fuß erreichbar. Das Hotel bietet auch Apartments mit Küchenzeile.

Hotels « 115

Rex Hotel
Karte C2 ■ Luntmakargatan 73 ■ +46 8 160 040 ■ www.rexhotel.se ■ Ⓚ Ⓚ
Das Hotel ist in einem einfachen Stadthaus aus dem 19. Jahrhundert untergebracht und verfügt über frei liegende Ziegelwände und farbenfrohes Mobiliar. Es liegt im Herzen der Stadt, nicht weit vom Sveavägen entfernt, und in der Nähe einer Reihe von Restaurants und Bars.

Hotel At Six
Karte M3 ■ Brunkebergstorg 6 ■ +46 8 5788 2800 ■ www.hotelatsix.com ■ Ⓚ Ⓚ Ⓚ
Das zentral gelegene Hotel bietet rund 300 luxuriöse Zimmer mit eleganter Einrichtung im zeitgenössischen Stil. Das schicke Restaurant und die beiden Bars sind bei Einheimischen ebenso beliebt wie bei den Hotelgästen. Im Hotel At Six befindet sich auch die hochmoderne Musikbar Hosoi, in der international bekannte DJs auflegen, aber auch stimmungsvolle Konzerte stattfinden.

Hotel Wellington
Karte E2 ■ Storgatan 6 ■ +46 8 667 0910 ■ www.wellington.se ■ Ⓚ Ⓚ Ⓚ
Für Gäste des schlicht eingerichteten, freundlichen Hotels in Östermalm sind Gröna Lund, Skansen, das Gebiet um den Sveavägen, die Trambahn und alle Attraktionen des Stadtzentrums gut erreichbar. Einige der komfortablen, individuell mit Holzböden ausgestatteten Zimmer haben Balkone. Frühstück und Nutzung der Sauna sind im Zimmerpreis inbegriffen.

Preiswerte Hotels

Hotel Anno 1647
Karte D5 ■ Mariagränd 3 ■ +46 8 442 1680 ■ www.anno1647.se ■ Ⓚ
Das Hotel liegt im Shopping- und Clubviertel von Södermalm. Es nimmt zwei Wohnhäuser aus dem 17. und 18. Jahrhundert in einer Seitenstraße der Götgatan ein. Die Anbindung an das öffentliche Verkehrsnetz ist exzellent: Die Tunnelbana- und Bushaltestelle Slussen ist nur wenige Schritte entfernt.

ApartHotel Telefonplan
Cedergrensvägen 16, Hägersten ■ +46 8 181 185 ■ www.aparthotel.se ■ Ⓚ
Das Hotel in einem ruhigen Wohngebiet verfügt über 60 Zimmer in unterschiedlichen Größen. Das Frühstück ist im Zimmerpreis inbegriffen. Ganz in der Nähe befindet sich das schicke Bar-Restaurant Landet.

Hotel Bema
Karte C2 ■ Upplandsgatan 13 ■ +46 8 232 675 ■ www.hotelbema.se ■ Ⓚ
Das Hotel ist im Stadtzentrum gegenüber dem Park Tegnérlunden schön gelegen. An der Rückseite des Gebäudes befindet sich ein hübscher Garten.

Hotel Tegnérlunden
Karte C2 ■ Tegnérlunden 8 ■ +46 8 5454 5550 ■ www.hoteltegnerlunden.se ■ Ⓚ
»Kleine Zimmer für kluge Reisende«, lautet das Motto des Hotels. Die Zimmer haben keine Fenster, die Waschräume werden gemeinschaftlich genutzt. Das Hotel eignet sich für Besucher, die für die Erkundung von Stockholm einen zentral gelegenen, äußerst preiswerten Ausgangsort suchen.

Hotel Tre Små Rum
Karte C5 ■ Högbergsgatan 81 ■ +46 8 641 2371 ■ www.tresmarum.se ■ Ⓚ
Das preiswerte Hotel in Södermalm bietet gemütliche Zimmer. Es liegt nahe der Tunnelbana und den Bahnhöfen der Nahverkehrszüge. Das Frühstück ist inklusive.

Motel L Hammarby Sjöstad
Hammarby allé 41 ■ +46 8 4090 2600 ■ www.ligula.se/motel-l ■ Ⓚ
Die Zimmer des modernen Hotels sind mit großen Betten und Klimaanlage ausgestattet, in den Badezimmern gibt es Regenwaldduschen. Im Salon kann man ausruhen, arbeiten oder einen Drink genießen.

ProfilHotels Nacka
Värmdövägen 84, Nacka ■ +46 8 5061 6000 ■ www.ligula.se/profilhotels/hotel-nacka ■ Ⓚ
Das Hotel verfügt über 162 Zimmer, ein Restaurant, einen Pool und eine Sauna. Im Sommer kann man auf der Terrasse entspannen. Die Parkplätze direkt am Eingang sind kostenlos.

The Red Boat Hotel
Karte C4 ■ Söder Mälarstrand, Kajplats 10 ■ +46 8 644 4385 ■ www.theredboat.com ■ Ⓚ
Die beiden Boote bieten originelle Unterkunft in Altstadtnähe – eines dient als Hotel, das andere als Hostel. Am gemütlichsten sind die holzvertäfelten Kabinen des Hotelboots.

Preiskategorien siehe S.112

Connect Hotel City
Karte A2 ■ Alströmergatan 41 ■ +46 8 441 0220 ■ www.connecthotel.se ■ Ⓚ Ⓚ

Das Hotel bietet zwar nur kleine, zweckmäßig eingerichtete Zimmer, die Preise sind angesichts der Lage im Zentrum des lebhaftesten Bereichs von Kungsholmen jedoch exzellent. Frühbucher erhalten Rabatt.

Hotel Zinkensdamm
Karte B5 ■ Zinkens väg 20 ■ +46 8 616 8110 ■ www.zinkensdamm.com ■ Ⓚ Ⓚ

Das nette Hotel im Tantolunden in Södermalm fungiert auch als Hostel. Gäste können zwischen Zimmern mit und ohne Bad wählen. Frühstück und Internetzugang sind im Preis inbegriffen.

Unique Hotel
Karte K1 ■ Kammakargatan 62 ■ +46 7 6172 2812 ■ www.uniquehotel.se ■ Ⓚ Ⓚ

Nahe der lebhaften Drottninggatan bietet das Haus geräumige, helle Zimmer – mit oder ohne Bad.

Pensionen, Hostels & Apartments

Bed & Breakfast Stockholm at Mariatorget
Karte C5 ■ Torkel Knutssonsgatan 35 ■ +46 7 0579 7200 ■ Ⓚ

Das B & B umfasst zwei moderne Ferienwohnungen in dem Gebäude, in dem sich auch der Eingang zur Tunnelbana-Station Mariatorget befindet. Die Wohnungen können einzeln jeweils von ein oder zwei Personen oder zusammen von drei bis vier Personen gemietet werden. Es gibt eine Verbindungstür.

City Backpackers Inn
Karte K2 ■ Upplandsgatan 2a ■ +46 8 206 920 ■ www.citybackpackers.org ■ Ⓚ

In dem charaktervollen Hostel fühlen sich auch Alleinreisende sicher. Größe und Ausstattung der Zimmer variieren. Das Hostel bietet kostenlosen Internetzugang, Waschmaschinen, eine Gästeküche und sogar kostenlose Pasta. Das Personal ist hilfsbereit.

Globen Bed & Breakfast
Dammtrappgatan 13 ■ +46 7 3679 8060 ■ Ⓚ

Das typische schwedische Holzhaus mit Garten steht in einem Wohngebiet nahe der Avicii Arena und der dortigen Tunnelbana-Station. Zur Wahl stehen ein komplett ausgestattetes Häuschen und ein Apartment.

Långholmen Hotel & Youth Hostel
Karte A5 ■ Långholmsmuren 20 ■ +46 8 720 8500 ■ www.langholmen.com ■ Ⓚ

In einer Zelle zu schlafen, ist sicherlich nicht jedermanns Sache, doch darin besteht der Reiz des zu einem modernen Hotel und Hostel umgebauten ehemaligen Gefängnisses auf der zentral gelegenen Insel Långholmen.

Rygerfjord Hotel & Hostel
Karte C4 ■ Söder Mälarstrand, Kajplats 12–14 ■ +46 8 840 830 ■ www.rygerfjord.se ■ Ⓚ

Das als Hotel und Jugendherberge dienende ehemalige norwegische Fährschiff ermöglicht Übernachtungen mit nautischem Flair. Aus manchen Zimmern reicht der Blick über den Mälaren bis zum Stadshuset.

Stockholm Classic
Karte B5 ■ Lundagatan 31 ■ +46 7 086 1224 ■ www.classicstockholm.com ■ Ⓚ

Das nahe der Tunnelbana-Station Zinkensdamm gelegene Haus bietet Doppelzimmer mit Blick auf den Mälaren und die City sowie Zimmer im Kajütenstil. Den Gästen steht eine komplett ausgestattete Küche zur Verfügung.

Stockholm Hostel
Karte A2 ■ Alströmergatan 15 ■ +46 7 0156 5525 ■ www.stockholmhostel.se ■ Ⓚ

Zu dem klimatisierten Hostel in Kungsholmen gelangt man vom Hauptbahnhof mit der Tunnelbana in fünf Minuten. Alle Zimmer verfügen über eigene Bäder. In zwei Gemeinschaftsküchen können sich die Gäste Mahlzeiten zubereiten.

Biz Apartment Gärdet
Sehlstedtsgatan 67 ■ +46 8 5785 5300 ■ www.bizapartmenthotel.se/gardet ■ Ⓚ Ⓚ

Das Haus bietet 175 stilvolle Apartments. Es gibt Unterkünfte mit einem oder zwei Schlafzimmern sowie eine Reihe von Studios – ideal für Alleinreisende. Wer einen längeren Aufenthalt von ein paar Wochen oder Monaten wünscht, erhält einen Sonderpreis. Die Betreibergesellschaft hat weitere Hotels in Solna und Hammarby Sjöstad.

Hotels « 117

Hostel af Chapman
Karte P5 ▪ Flaggmansvägen 8 ▪ +46 8 463 2280 ▪ www.svenskaturist foreningen.se ▪ ⓚⓚ
Die Unterkünfte in einem Schiff aus dem 19. Jahrhundert und einem Handwerkerhaus in Skeppsholmen bieten Blick auf das Kungliga slottet. In der Nähe befinden sich einige Museen. Es gibt Gemeinschafts- und Privatkabinen.

Guldgränd Hotel Apartments
Karte D5 ▪ Guldgränd 5 ▪ +46 8 641 4064 ▪ www.secondhomeapartments.se ▪ ⓚⓚ
Das Hotel in einem Gebäude aus dem 17. Jahrhundert liegt in Södermalm in einem belebten Areal nahe der Tunnelbana-Station Slussen. Es bietet schicke, geräumige Ein-, Zwei- und Dreibettzimmer sowie Wohnungen für Familien.

Hotels außerhalb von Stockholm

Good Morning+ Hagersten
Vastertorpsvägen 131 ▪ +46 8 5563 2330 ▪ www.ligula.se/goodmorninghotels/hagersten ▪ ⓚ
Das Hotel befindet sich am südlichen Stadtrand nahe einer IKEA-Filiale. Es bietet hohen Standard zu vernünftigen Preisen und ist auch wegen des freundlichen Personals beliebt.

Jumbo Stay
Jumbovägen 4, Flughafen Arlanda ▪ +46 8 5936 0400 ▪ www.jumbostay.com ▪ ⓚ
Wer schon von einem eigenen Schlafzimmer in einem Flugzeug geträumt hat, sollte in der umgebauten Boeing 747 am Flughafen übernachten.

Kastellet Bed & Breakfast
Vaxholms Kastell, Vaxholm ▪ +46 8 5413 3035 ▪ www.kastelletvaxholm.se ▪ ⓚ
Das B & B im Kastell von Vaxholm ist eine gute Basis für die Erkundung von Stockholms Skärgård. Die meisten Fähren vom Zentrum Stockholms zu den Schären laufen Vaxholm an. Von dort gelangt man mit Booten zu weiteren Inseln.

Clarion Hotel Gillet
Dragarbrunnsgatan 23, Uppsala ▪ +46 1 868 1800 ▪ www.nordicchoicehotels.com ▪ ⓚⓚ
Das Hotel im Zentrum von Uppsala ist ideal für die Stadterkundung. Es bietet moderne Zimmer, elegantes Flair und abends Musik in der Bar.

Grand Hotel Saltsjöbaden
Hotellvägen 1, Saltsjöbaden ▪ +46 8 5061 7000 ▪ www.grandsaltsjobaden.se ▪ ⓚⓚ
Die Einrichtung des am Hafen gelegenen Hotels ist dem Hôtel de Paris in Monte Carlo nachempfunden. Die Zugfahrt nach Slussen dauert 25 Minuten. Gelegentlich gibt es Sondertarife.

Grinda Wärdshus
Södra bryggan, Grinda (Stockholms Skärgård) ▪ +46 8 5424 9491 ▪ www.grinda.se ▪ ⓚⓚ
In dem von Feldern umgebenen Hotel in einem alten Bauernhaus erlebt man den ganzen Zauber der ländlichen Insel.

Hotel J
Ellensviksvägen 1, Nackastrand ▪ +46 8 601 3000 ▪ www.hotelj.com ▪ ⓚⓚ
Von dem Hotel im inneren Schärengarten gelangt man per Boot schnell ins Zentrum Stockholms. Die Einrichtung mit Korbmöbeln und blau-weißem Design zeigt den nautischen Stil Neuenglands. Im Sommer ist es in dem Hotel herrlich erholsam.

Yasuragi Hasseludden
Hamndalsvägen 6, Saltsjö-Boo ▪ +46 8 747 6400 ▪ www.yasuragi.se ▪ ⓚⓚ
Das Spahotel bietet Zimmer in westlichem und japanischem Stil. Zum Haus gehört ein beschaulicher japanischer Garten, der sich zum Ufer erstreckt.

Sigtuna Stadshotell
Stora Nygatan 3, Sigtuna ▪ +46 8 5925 0100 ▪ www.sigtunastadshotell.se ▪ ⓚⓚⓚ
Das kleinste Fünf-Sterne-Hotel Schwedens wurde 1909 eröffnet. Nach einer geschmackvollen Renovierung zeigt es wieder die ursprüngliche Eleganz. Im Sommer kann man auf der Terrasse mit Blick auf die Sigtunaviken speisen.

Stallmästaregården Hotel
Norrtull ▪ +46 8 610 1300 ▪ www.stallmastaregarden.se ▪ ⓚⓚⓚ
Das Hotel mit Seeblick nahe dem Hagaparken ist in der ehemaligen Herberge einer Poststation (18. Jh.) ansässig. In Gehweite oder nur eine kurze Busfahrt entfernt liegen die Bars und Restaurants rund um den Odenplan.

Preiskategorien siehe S. 112

Textregister

Fett gedruckte Seitenzahlen beziehen sich auf TOP**10**-Highlights.

A
ABBA The Museum 42, 78
Abstecher 98–103, 111
  Ausflug nach Uppsala 101
  Cafés & Restaurants 103
  Karte 98f
  Sehenswürdigkeiten 99–102
Accessoires 56
Achterbahnen (Gröna Lund) 28, 77
Acne Studios 57
Adolf Frederik 25
Adolf Fredriks Kyrka 40, 66, 71
Af Chapman 87, 117
Alkohol 47, 59
Alunda-Elch 33
Angeln 19
Apartments 111, 116f
Aquarium (Skansen) 13
Arholma 17
ArkDes 58, 88
Ärzte 108, 109
Asplund, Gunnar 71
Atelier Evert Lundquists (Schloss Drottningholm) 25
Autos 106, 107
Avicii Arena 47, 101

B
Banken 109
Bars *siehe* Kneipen & Bars
Bauernhof (Stockholms Skärgård) 18
BAUHAUS-galan 60
Behinderte Reisende 108f
Bellman, Carl Michael 35
Bergianska Trädgården 45
Bergman, Ingmar 39
Bernadotte-Räume (Kungliga slottet) 26
Berns 51
Birger Jarl 38
Birka 100

Björnö 102
Blå Gungan 89
Blasieholmen 87
  siehe auch Gamla stan, Skeppsholmen & Blasieholmen
Blauer Saal (Stadshuset) 22
Blockhütten 18
Bonniers Konsthall 58, 72
Boote *siehe* Fähren & Boote
Bootsfahrten im Winter 19
Bootswandern 18
Börse (Börshuset) 86
Botanischer Garten (Uppsala) 101
Botschaften 108f
Boutiquehotels 113f
Bredablick (Skansen) 12
BrewDog Kungsholmen 51, 74
Bronzezeit 32, 33
Buchläden 89
Bünsowska Huset 78f
Burgen, Schlösser & Festungen
  Kastellet 16
  Schloss Gripsholm (Mariefred) 100
  Siaröfortet 16
  Steninge slott 102
  Taxinge slott 100, 102
Busse 107

C
Café & Bageri Pascal 96
Café Opera 51
Café Tranan 50, 73, 74
Cafés 52f, 111
  Abstecher 103
  Gamla stan, Skeppsholmen & Blasieholmen 90
  Hagaparken 34
  Kungsholmen & Vasastan 74
  Norrmalm & City 68
  Östermalm & Djurgården 80
  Skansen 13
  Södermalm 96
Calexico's 54, 97

Camping in Stockholms Skärgård 19, 59
Celsing, Johan 72
Celsing, Peter 65
Centralbadet 67
Chokladkoppen 53, 87, 90
Christi Himmelfahrt 61
Clason, Isak Gustaf 79
Clubs 51, 58

D
Dalí, Salvador 43, 86
Dampfschifffahrten 19
Dänemark 38
De Chirico, Giorgio 86
Debaser 51, 58
Degas, Edgar 43
Descartes, René 67
Design House 56
Design, skandinavisches 56f, 89
Designtorget 56
Diplomatenviertel 79
Djurgården 6, 7, 45, 76, 79
  siehe auch Östermalm & Djurgården
Djurgårdsbrunnsviken 77
Dragoner 25, 27
Drottningholm, Schloss 7, 10, **24f**, 43, 100

E
Earth N More 89
Edblad 89
Einreise 108
Ekotemplet (Hagaparken) 34
Ekstedt 7, 55, 81
Eldh, Carl 22
Engelbrektskyrkan 41
Ericsson, Lars Magnus 38
Eriksson, Christian 22
Erlander, Tage 39
Eugen, Prinz 23
Evert Taubes Terrass 88

F
Fähren & Boote 106f
  Birka 100
  Mariefred 100
  Schloss Drottningholm 25

Sigtuna 99
Stockholms Skärgård 7, 16–19, 101
Winter 19
Färgfabriken 47
Fasching 51
Feiertage 61, 110
Fernsehen 110
Festivals & Veranstaltungen 60f
kostenlos 59
Skansen 13
Festungen *siehe* Burgen, Schlösser & Festungen
Fillipa K 57
Finnhamn 17
Fishery Teatern, The 46
Fjäderholmarna 6, 7, 16, 48
Restaurants 103
Fjällgatans Kaffestuga 46
Fjärilshuset (Hagaparken) 35
Flüge 106, 107
Flughafen Arlanda 106, 107, 117
Flying Elk, The 7, 50, 91
Forsberg, Anders Gustaf 79
Forseth, Einar 22
Forum För Levande Historia 88
Fotografiska 42, 94
Frank, Josef 56
Frau von Barum 33
Frauen, allein reisende 108
Fußgänger 107

G
Galejan, Rummelplatz (Skansen) 12
Galerie Karls XI. (Kungliga slottet) 27
Gällnö 17
Gamla stan 6, 7, 38, 87
Gamla stan, Skeppsholmen & Blasieholmen 84–91
Cafés, Kneipen & Bars 90
Karte 84f
Restaurants 91
Sehenswürdigkeiten 85–88
Shopping 89
Spaziergang 87

Garbo, Greta 39, 46, 102
Gästetrakt (Kungliga slottet) 26
Gastrologik 7, 54, 81
Gauguin, Paul 43
Gedenktafel & Grab Olof Palmes 66, 67
Geld 109
Stockholm für wenig Geld 59
siehe auch Währung
Geschichte 38f
Gesundheit 108, 109
Glasbläserei (Skansen) 13
Glaserzeugnisse 13, 89
Goldener Saal (Stadshuset) 22
Grand Hôtel 87, 112
Grandpa 57
Granit 56
Greasy Spoon 7, 53, 96
Grinda 7, 17, 18
Hotel 117
Gröna Lund 6f, 11, **28f**, 49, 77
Stockholm für wenig Geld 59
Gudrun Sjödén 89
Guldrummet (Historiska museet) 32
Gustav I. Wasa 30, 38, 61, 101
Gustav Vasa Kyrka 40
Gustav II. Adolf 14
Gustav III. 25, 34, 85
Antikenmuseum Gustavs III. (Kungliga slottet) 26
Ermordung 38
Pavillon Gustavs III. (Hagaparken) 35
Gustav V. 25
Gustav Vasa Kyrka 40

H
Hagaparken 6, 11, **34f**, 44, 99
Häktet 51, 96
Hammarbybacken 46
Hammarskjöld, Dag 39
Hamngatan 65, 67
Happy Sthlm 89
Hazelius, Artur 30, 31
Hedvig Eleonora, Königin 24
Hermansson, Gustaf 41
Hilda Hilda 89

Historiska museet 7, 11, **32f**, 43, 77
Hjort, Roland 57
Hjorth, Bror, *Tek* 92
Hjortzberg, Olle 41
Högalidskyrkan 40
Hornstulls Marknad 46
Hostels 111, 116f
Hotels 111, 112–117
Hötorget 67
Humlegården 45, 77

I
In Stockholm unterwegs 106f
Industrialisierung 38
Information 110, 111
Ingmarsö 18
Internet 109
Iris Hantverk 89

J
Johan & Nyström 52, 96
Johansson, Jonny 57
Jones, Arne 45
Jugendherbergen 116f
Junibacken 48

K
Kajaktouren 18
Karl XIV. Johann 25
Karlson, Sven-Harry 71
Karussells
Gröna Lund 11, 28, 29, 59, 77
Skansen 12
Kastellet 86
Kastellholmen 86
Katarina Kyrka 41, 95
Katarinavägen 7
Kathedralen
Storkyrkan 36f, 40, 86
Uppsala 99, 101
Västerås 102
Kaufhäuser 56, 65, 67
Keramik 89
Kinder 48f
Kina slott (Schloss Drottningholm) 25
Kinesiska pagoden (Hagaparken) 35
Kirchen 40f
Adolf Fredriks Kyrka 40, 66, 71
Engelbrektskyrkan 41
Gustav Vasa Kyrka 40

Kirchen *(Fortsetzung)*
 Högalidskyrkan 40
 Katarina Kyrka 41, 95
 Maria Magdalena Kyrka 41, 95
 Riddarholmskyrkan 40, 85
 Sankt Olof (Sigtuna) 99
 Sankt Paulskyrkan 94
 Sankt Per (Sigtuna) 99
 Schlosskirche (Kungliga slottet) 20f, 26
 Sofia Kyrka 41, 45
 Tyska Kyrkan 40, 88
 siehe auch Kathedralen
Klima 110
Kneipen & Bars 50f
 Gamla stan, Skeppsholmen & Blasieholmen 90
 Gröna Lund 29
 Kungsholmen & Vasastan 74
 Norrmalm & City 68
 Östermalm & Djurgården 80
 Södermalm 96
Knutsson, Fillipa 57
Konzerte, kostenlose 59
Koppartälten (Hagaparken) 34
Kostenlose Attraktionen 58f
Krabat 89
Krankenhäuser 108
Krebssaison 61
Kreditkarten 109
Kristina, Königin 26, 39, 67
Kulturhuset 65, 67
Kungliga Operan 65
Kungliga slottet 11, **26f**, 43, 85
 Rüstkammer 7, 59, 88
 Tagestouren 6, 7, 87
Kungsgatan 66, 67
Kungsholmen & Vasastan 6, 70–75
 Cafés, Kneipen & Bars 74
 Karte 70
 Restaurants 75
 Sehenswürdigkeiten 71–73
 Spaziergang 73
Kungstornen 66

Kungsträdgården 44, 48, 66f, 113
Kunsthandwerk 57, 89
Kvarnen 50f, 96

L
Landet 51, 103
Långholmen 46, 93
Larsson, Carl 43
Larsson, Stieg 94
LGBT+ 108
Lilla Ego 54, 75
Lilla Hotellbaren 51
Lill-Skansen 12, 43, 49, 78
Lindgren, Astrid 39
Lindh, Anna 41
Linné, Carl von 39, 45, 76f
Linnémuseet (Uppsala) 101
Linnéträdgården (Uppsala) 101
Livrustkammaren (Rüstkammer) 7, 59, 88
Lovisa Ulrika, Königin 24f
Luciafest 61
Lundquist, Evert 25

M
Made in Stockholm 89
Mälaren 23, 38, 85, 86, 93
 Bootsausflüge 7, 25, 43, 99, 107
 Schlittschuhlaufen 59
Maria Magdalena Kyrka 41, 95
Mariatorget 94
Mariefred 100
Marielund 101
Marimekko 56
Marklund, Bror 33
Märkte
 Hornstulls Marknad 46
 Hötorget 67
 loppis (Flohmärkte) 59
 Weihnachtsmarkt 87
Matbaren 54, 91, 112
Matisse, Henri 43, 86
Meatballs for the People 97
Medborgarplatsen 93
Medelhavsmuseet 66
Medien 110f
Medizinische Versorgung 108f
Mellqvist Kaffebar 53, 94f, 96

Midnattsloppet 60f
Milles, Carl 30, 67, 100
Milles, Olga 100
Millesgården Museum 100
Millionenprogramm (1965) 39
Mittsommerfest 61
Mobiltelefone 109
Mode 56f, 89
Moderna museet 43, 86f
Monteliusvägen 93, 95
Morfar Ginko 50, 96
Mosebacke 94f
Mosebacke torg 94
Mulle Meck 49
Museen & Sammlungen 42f
 ABBA The Museum 42, 78
 Antikenmuseum Gustavs III. (Kungliga slottet) 26
 ArkDes 58, 88
 Atelier Evert Lundquists (Schloss Drottningholm) 25
 Bonniers Konsthall 58, 72
 Färgfabriken 47
 Fotografiska 42, 94
 Haga parkmuseum 35
 Historiska museet 7, 11, **32f**, 43, 77
 kostenlos 58
 Kulturhuset 65, 67
 Kunst in der U-Bahn 58
 Livrustkammaren (Rüstkammer) 7, 59, 88
 Medelhavsmuseet 66
 Millesgården Museum 100
 Moderna museet 7, 43, 86f
 Museum Tre Kronor (Kungliga slottet) 26
 Nationalmuseum 43, 85, 87
 Naturhitoriska riksmuseet 49, 99
 Nobel Prize Museum 86, 88
 Nordiska museet 6f, 11, **30f**, 42, 78
 Östasiatiska museet 88
 Postmuseum 88

Prinzengalerie
(Stadshuset) 10, 23
Skansen 10, **12f**, 43, 49, 78
Spritmuseum 47
Strindbergsmuseet 72
Sven-Harrys
Konstmuseum 71
Tekniska museet 48
Tom Tits Experiment
(Södertälje) 102
Torekällberget
(Södertälje) 102
Turmmuseum
(Stadshuset) 23
Vasamuseet 6f, 10, **14f**, 42, 78
Museum Tre Kronor
(Kungliga slottet) 26
Museumseisenbahn
Östra Södermanlands
Järnväg 100

N
Nämdö 18
Nationalfeiertag 61
Nationalmuseum 43, 85, 87
Nationalpark Ängsö 17
Nationalparks
  Nationalpark Ängsö 17
  Nationalpark Tyresta 102
Naturhistoriska
riksmuseet 49, 99
Naturlehrpfad (Schloss
Drottningholm) 24
Nilsson, Gustav 29
Nilsson, Magnus 46
Nobel, Alfred 39, 47
Nobel Prize Museum 86, 88
Nobelpreis 23, 27
Nobelpreisbankett 23
Nobelpreisverleihung 61
Nordiska museet 6f, 11, **30f**, 42, 78
Norr Mälarstrand 72f
Norrmalm & City 64–69
  Cafés, Kneipen & Bars 68
  Karte 64
  Restaurants 69
  Sehenswürdigkeiten 65–67
  Spaziergang 67
Norrmalmstorg 65

Norröra 16
Norrtull 116
Notfälle 108, 109
Notke, Bernt 40
Nya Carnegiebryggeriet 50, 103
Nytorget Urban Deli 54, 95, 97

O
Odenplan 71, 73
Öffnungszeiten 110
Öja 17
Olympische Spiele (1912) 38
Öresundbrücke, Maut 106
Oskar I. 25
Oskar II. 25
Östasiatiska museet 88
Östberg, Ragnar 22
Östermalm & Djurgården 76–81
  Cafés, Kneipen & Bars 80
  Karte 76
  Restaurants 81
  Sehenswürdigkeiten 77–79
  Spaziergang 79
Ostern 61
Östra Lagnö 17
Ovalen (Stadshuset) 23

P
Palme, Olof 39, 40
  Gedenktafel & Grab 66, 67
Pappa Ray Ray 50, 96
Parks & Gärten 44f
  Bergianska Trädgården 45
  Botanischer Garten (Uppsala) 101
  Djurgården 6, 7, 45, 76, 79
  Gröna Lund 6f, 11, **28f**, 49, 77
  Hagaparken 6, 11, **34f**, 44, 99
  Humlegården 45, 77
  Kungsträdgården 44, 66f
  Linnéträdgården (Uppsala) 101
  Millesgården Museum 100
  Rålambshovsparken 73

Rosendals Trädgård 45, 53, 77, 80
  Schloss Drottningholm 25, 58
  Skansen 6f, 10, **12f**, 43, 78
  Skinnarviksparken 45
  Stadshuset-Park 23
  Stora Skuggan 44
  Tantolunden 44, 95
  Vasamuseet 15
  Vasaparken 44, 73
  Vinterviken 47
  Vitabergsparken 45
  siehe auch
  Nationalparks
Pensionen 111, 116f
Petite France 6, 52f, 73, 74
Picasso, Pablo 43, 86
Picknick 59
Popaganda 59, 61
Post 109
Postmuseum 88
Precht, Burchardt 40
Preiswerte Hotels 116f
Prinzengalerie
(Stadshuset) 10, 23
Projekt Persikan 94
Prunkräume (Kungliga slottet) 27
Prunkschlafzimmer von
Hedvig Eleonora
(Schloss Drottningholm) 24
Punk Royale 55, 97
Puppenhäuser (Nordiska museet) 30

R
Radfahren 107
  Leihräder 6, 59
Rålambshovsparken 73
Ratssaal (Stadshuset) 22
Rehn, Jean Eric 24
Reichssaal (Kungliga slottet) 26
Reise- & Sicherheits-
hinweise 108
Reisende mit besonderen
Bedürfnissen 108f
Reisepass 108
Rembrandt 43
Restaurants 54f, 111
  Abstecher 103
  Gamla stan,
  Skeppsholmen &
  Blasieholmen 91

Restaurants *(Fortsetzung)*
  Gröna Lund 29
  Kungsholmen &
    Vasastan 75
  Norrmalm & City 69
  Östermalm &
    Djurgården 81
  Skansen 13
  Södermalm 97
  Stadshuset 23
  Stockholms Skärgård
    18
Riche 50, 80
Riddarholmen 85
Riddarholmskyrkan 40,
  85
Riksdag 58
Riksdaghuset 58
Rödlöga 17
Rolfs Kök 54, 69
Rörstrandsgatan 72
Rosendals Trädgård 45,
  53, 77, 80
Rosendalsvägen 77
Rubens, Peter Paul
  43

S
Saltsjöbaden 102
  Hotel 117
  Restaurant 103
Saltsjö-Boo 116
Sámi 30
Sandhamn 16
Sankt Paulskyrkan 94
Saturnus 52, 80
Schatzkammer (Kungliga
  slottet) 27, 85
Schiffsreisen 106, 107
Schlittschuhlaufen 44, 48,
  59, 66, 73
Schloss Drottningholm
  siehe Drottningholm
Schloss Gripsholm
  (Mariefred) 100
Schlösser *siehe* Burgen,
  Schlösser & Festungen
Schlösser
  Drottningholm 7, 10,
    24f, 43, 100
  Kungliga slottet 6f, 11,
    26f, 43, 85, 87
  Schlossruine
    (Hagaparken) 35
Schlosskirche 20f, 26
Schlosstheater (Schloss
  Drottningholm) 24

Schmalspurbahn
  Lennakatten (Uppsala)
    101, 102
Schmuck 89
Schultheis, Jacob 29
Schwimmen 46, 49, 58,
  93, 95
  Centralbadet 67
  Stockholms Skärgård
    18
  Sturebadet 46
Schwule & Lesben 108
Sergel, Johan Tobias 40
Sergels torg 64, 65, 67
SF Bokhandeln 89
Shopping 56f, 111
  Gamla stan,
    Skeppsholmen &
    Blasieholmen 89
  Kungsholmen 72, 73
  Östermalm 79
  Skandinavisches Design
    56f
  SoFo 93
Siaröfortet 16
Sicherheit 108
Sigtuna 99
  Hotel 117
  Restaurants 103
Silvester 61
Själbottna 17
Skandinavisches Design
  56f
Skånegatan 94f
Skansen 10, **12f**, 43, 49, 78
Skansens Bergbana 12
Skeppsholmen
  Küstenspaziergang 87
  siehe auch Gamla stan,
    Skeppsholmen &
    Blasieholmen
Skifahren
  (Hammarbybacken) 46
Skinnarviksparken 45
Skogskyrkogården 102
Slussen 7, 86
Snotty Sounds Bar 50, 94,
  95, 96
Södermalm 7, 82f, 92–97
  Cafés, Kneipen & Bars
    96
  Karte 92
  Restaurants 97
  Sehenswürdigkeiten
    93–95
  Spaziergang 95
Södertälje 102

Södra Teatern 94
Sofia Kyrka 41, 45
SoFo 93, 94f
Solidaritet 51
Solna Centrum 58
Sosta 52, 68
Spas 46
Spaziergänge
  Gamla stan,
    Skeppsholmen &
    Blasieholmen 87
  Kungsholmen &
    Vasastan 73
  Norrmalm & City 67
  Östermalm &
    Djurgården 79
  Södermalm 95
  Uppsala 101
  Vier Tage in Stockholm
    6f
  Zwei Tage in Stockholm
    6
Spezialitäten 55
  Restaurant-Tipps 111
  Stockholm für wenig
    Geld 59
  siehe auch Cafés,
    Kneipen & Bars;
    Restaurants
Sprachführer 126–128
Spritmuseum 47
Spy Bar 51
Stadsbiblioteket 71, 73
Stadshusbron 7
Stadshuset 7, 10, **22f**, 71,
  73
  Turm 6, 10, 23
Stadtgründung 38
Steinzeit 33
Steninge slott 102
Stockholm entdecken 6f
Stockholm Fashion Week
  60
Stockholm für wenig Geld
  59
Stockholm International
  Film Festival 61
Stockholm Marathon 60
Stockholm Pride 60, 95
Stockholmer Blutbad
  (1520) 38, 86
Stockholms Kulturfestival
  60
Stockholms Skärgård 8f,
  10, **16–19**, 101
  Sehenswürdigkeiten 18f
  Tagestouren **6f**

Stockholm-Syndrom 65
Stora Fjäderholmen 16
Stora Pelousen
 (Hagaparken) 34
Stora Skuggan 44
Storkyrkan 36f, 40, 86
Stortorget 62f, 86, 87
Story Tours 88
Stränder 58
 Björnö 102
 Långholmen 93
 Saltsjöbaden 102
 Stockholms Skärgård
 10, 16, 17, 18, 59
Strandvägen 79
Streetfood 46
Strindberg, August 11, 31, 39
 Strindbergsmuseet 72
Strom 110
Sturebadet 46
Sturecompagniet 51
Sturehof 55, 81
Sturekatten 52, 80
Stureplan 79
Sveavägen 71
Sven-Harrys
 Konstmuseum 71
Svenskt Tenn 56
Sweden Solar System 47
Swedish Hasbeens 56, 95

T
Tag der Arbeit 61
Tantolunden 44, 95
Taube, Evert 41
Taxi 107
Taxinge slott 100, 102
Tek (Hjorth) 92
Tekniska museet 48
Telefonieren 109
Tessin d. J., Nicodemus 26f

Tiere
 Aquarium (Skansen) 13
 Bauernhof (Stora
 Skuggan) 44
 Lill-Skansen 12, 43, 49, 78
 Naturlehrpfad (Schloss
 Drottningholm) 24
 Schmetterlingshaus
 (Hagaparken) 35
Tom Tits Experiment
 (Södertälje) 102
Torekällberget (Södertälje) 102
Touren & Ausflüge 111
Trädgården 51
Trams 107
Trinkgeld 111
Trouville 16
Tunnelbana *siehe*
 U-Bahn
Turkiska kiosken
 (Hagaparken) 35
Tyska Kyrkan 40, 88

U
U-Bahn 106
 Kunst 58
Unbekanntes Stockholm 46f
Under Bron 51
Uppsala 98, 99
 Hotels 117
 Restaurant 103
 Spaziergang 101
Utö 17

V
Vasa (Kriegsschiff) 14f, 78
Vasamuseet 6f, 10, **14f**, 42, 78
Vasaparken 44, 73

Vasastan *siehe*
 Kungsholmen &
 Vasastan
Västerås 102
Västerlånggatan 87
Vaxholm 7, 17, 101
 Hotels 117
 Restaurant 103
Vergnügungsparks *siehe*
 Gröna Lund
Versicherung 108
Vete-Katten 52, 67, 68
Viklau-Madonna 32
Vinterviken 47
Vitabergsparken 45

W
Wache-Zelt (Schloss
 Drottningholm) 25
Währung 109
Walpurgisnacht 61, 85
Weihnachten 61
Weihnachtsmarkt 87
Whyred 57
Wikinger
 Birka 100
 Historiska museet 33
 The Viking Museum 88
Wirtschaft 39

Z
Zahnärzte 108, 109
Zeit 110
Zeitungen 110, 111
Zoll 108
Zorn, Anders 43
Züge
 Anreise 106, 107
 Museumseisenbahn
 Östra Södermanlands
 Järnväg 100
 Schmalspurbahn
 Lennakatten 101
 Vorortzüge 106f

Bildnachweis & Impressum

Autor
Paul Eade wuchs in Scarborough, England, auf und lebt seit 1999 in Stockholm. Reisen, vor allem durch Deutschland, ist seine Leidenschaft.

Mitautor Malcolm Jack

DK London

Lektorat
Georgina Dee, Sophie Adam, Ankita Awasthi Tröger, Rachel Fox, Maresa Manara, Freddie Marriage, Sally Schafer, Hollie Teague, Taraneh Ghajar Jerven, Helen Peters

Überarbeitete Nachauflage
Sumita Khatwani, Shikha Kulkarni, Kathleen Sauret, Manjari Thakur, Priyanka Thakur, Stuti Tiwari, Tanveer Zaidi, Vaishali Vashisht

Gestaltung und Bildredaktion
Phil Ormerod, Marisa Renzullo, Bhavika Mathur, Susie Peachey, Ellen Root, Lucy Sienkowska

Zusätzliche Fotografie
James Tye, Jeppe Wikstrom

Umschlaggestaltung
Richard Czapnik

Kartografie
Subhashree Bharati, Mohammad Hassan, James Macdonald, Casper Morris

Herstellung
Jason Little, Igrain Roberts

Bildnachweis

o = oben; u = unten; m = Mitte; l = links; r = rechts

DK bedankt sich bei folgenden Personen und Institutionen für die freundliche Erlaubnis zur Reproduktion ihrer Fotografien:

123RF.com Jon Bilous 64mlo; Boris Breytman 30um; Hans Christiansson 66u; Ievgenii Fesenko 77or; Anna Grigorjeva 1; Stefan Holm 19ml; jorisvo 40mlo; Mikhail Markovskiy 76or; Olga Miltsova 100–101; svglass 39or

Alamy Stock Photo Banana Pancake 4mr; Frank Chmura 55ul, 101ml; Mikael Damkier 82–83; Chad Ehlers 58or, 93u; Peter Forsberg 53u; Bjorn Grotting 35mru; Alex Hammond 51or; Dave G. Houser 31ol; imageBROKER / Matthias Graben 4mlu; ohner Images 35ul, 61ur; Interfoto 11mlu; Henryk Kotowski 61ml; Art Kowalsky 78–79; Douglas Lander 103u; Franz Marc Frei 18or;Hercules Milas 11ol; Prisma by Dukas Presseagentur GmbH/Chmura Frank 46or; Maria Swärd 16–17; William Uzuriaga 60mu; Zoonar/Olaf Pokorny 11ur

© ArkDes Nikolaj Alsterdal 88o

AWL Images Mauricio Abreu 12–13; David Bank 4mlo; Nordic Photos 2ol, 4ml, 4u, 8–9

Operakällarens Bakficka 69ur

Bonniers Konsthall 72mlo

BrewDog Kungsholmen Mikael Goransson 74u

Centralbadet, Stockholm Magnus Torle 67ml

Designtorget Jean-Baptiste Beranger 56or

Dorling Kindersley The Golden Hall, Stockholm Stadshuset by Einar Forseth © DACS 2017 22–23.

Dreamstime.com Arsty 84or; Ruzanna Arutyunyan 10mlo; Roksana Bashyrova 85o; Per Björkdahl 17ur, 99or; Andrei Bortnikau 40ul; Boris Breytman 6mlo, 25ol; Ryhor Bruyeu 41or; Candy1812 10ml; Hans Christiansson 34mlu; Marcin Ciesielski/Sylwia Cisek 23mr; Cumulus 72–73; Mikeal Damkier 23ol, 47ol; Dimbar76 48o, 57or; Eugenephoon 2or, 36–37; Alexandre Fagundes De Fagundes 58–59; Joyfull 7mro; Kaleff 10mu, 11mro, 24–25, 42–43, 44u; Pavel Kavalenkau 28–29m; Sergii Koval 55or; Andrey Kutsenko 23ur; Alain Lacroix 4mru; Lerka555 77u; Mariagroth 59or, 71u, 73ol; Mikhail Markovskiy 30–31, 86ml, 86ur; Julie Mayfeng 49ur; Moniphoto 100or; Nadezhda 1906 59ur; Nikonaft 87ol; Björkdahl Per 94–95om; Pifu 70mo; Theresa Wing Yee Poon 6ur; Rolf52 45ol, 60o; Tatiana Savvateeva 98mo; Tibisan 17mr; Alexander Tolstykh 22ul; Allan Wallberg 19or; Nadezhda 1906 59ur

Earth N More 89ml

© Fotografiska, Jenny Hammar 94ml

Getty Images Mauricio Abreu 78ol; Bettmann 39l; DEA/A. Dagli Orti 38mo; Elliot Elliot 19u; Werner Forman 100m; Johner Images 18ul; Ullstein Bild 38ul

Grand Hôtel Stockholm The Cadier Bar/Magnus Mårding 90u; Matbaren/Magnus Mårding 54o

Grandpa 57ml

Greasy Spoon 53or

Grill 75mro

Gröna Lund 28ul, 29ul, 49ml; Frans Hällquist 29mr

Hornstulls Marknad Patrik Linden Photography 46ur

Bildnachweis & Impressum

Hotel Skeppsholmen Restaurant La ånga Raden/Louise Billgert 91mro

iStockphoto.com cosmity 10u; Fotonen 102mro; fotoVoyager 3ol, 4o, 62–63; master1305 11mru; olaser 3or, 104–105

Junibacken 48mlu

Kulturhuset Matilda Rahm 65u

Kungliga Hovstaterna 27ol; Alexis Daflos 20–21, 24ur, 25ur, 26ml, 26–27, 85ur; Michael Steinberg 26ul; Gomer Swahn 35mro

Kungliga Operan Markus Gårder 65ol

Restaurang Kvarnen Ivan da Sllva 50–51, 96or

Moderna museet Åsa Lundén 43ol

Nationalmuseum, Stockholn 43mr

Nationalpark Tyresta Charl Mellin 102mlu

Naturhistoriska riksmuseet Martin Stenmark 99ur

Nordiska museet 30mlu, 31ur

Restaurant Pelikan Christer Fahlström 97ur

Riche Niklas Alexandersson 80ml

Skansen Marie Andersson 13mr; Marie Haåkansson 12ul; Bo Jonsson 13ol

SoFo Justina Rosengren 92ol

Spritmuseum Jonas Lindstro öm 47mr

Statens Historiska museet 33ol; Magnus Aronson 33m; Gabriel Hildebrand 32ur; Katarina Nimmervoll 32mo, 33mru

SuperStock age fotostock/Jörgen Larsson 45mr; Nordic Photos 16ul, 34–35, 50mro

© Sven-Harrys Konstmuseum Per Myrehed 71or

Sveskt Tenn 56u

Världskulturmuseerna Stockholm Ove Kaneberg 66ol

Vasamuseet Anneli Karlsson 14ml, 15ur; Karolina Kristensson 15ol

Vete-Katten Susanna Bla åvarg 52mlu, 68o

Umschlag

Vorderseite & Buchrücken:
123RF.com Anna Grigorjeva
Rückseite: **123RF.com** Anna Grigorjeva u; **iStockphoto.com** Angela Kotsell or, petecarici mru, scanrail mlo; **Picfair.com** Simon Bath ol

Extrakarte
123RF.com Anna Grigorjev

Alle anderen Bilder
© Dorling Kindersley.
Weitere Informationen unter
www.dkimages.com

Titel der englischen Originalausgabe
DK Eyewitness TOP10 Stockholm
© Dorling Kindersley Limited, London, 2013, 2021
Ein Unternehmen der
Penguin Random House Group
Alle Rechte vorbehalten

Text © by Paul Eade

© der deutschsprachigen Ausgabe by
Dorling Kindersley Verlag GmbH, München, 2013, 2022
Ein Unternehmen der
Penguin Random House Group
Alle deutschsprachigen Rechte vorbehalten

Aktualisierte Neuauflage 2023/2024

Jegliche – auch auszugsweise – Verwertung, Wiedergabe, Vervielfältigung oder Speicherung, ob elektronisch, mechanisch, durch Fotokopie oder Aufzeichnung, bedarf der vorherigen schriftlichen Genehmigung durch den Verlag.

Verlagsleitung Monika Schlitzer
Programmleitung Heike Faßbender
Redaktionsleitung Stefanie Franz
Projektbetreuung Theresa Fleichaus
Herstellungskoordination Antonia Wiesmeier
Covergestaltung Sabine Hüttenkofer

Übersetzung Barbara Rusch, München
Redaktion Birgit Walter, Augsburg
Schlussredaktion Philip Anton, Köln

Satz & Produktion DK Verlag
Druck Vivar Printing, Malaysia

MIX
Papier | Fördert gute Waldnutzung
FSC® C018179

ISBN 978-3-7342-0682-5
5 6 7 8 9   25 24 23 22

www.dk-verlag.de

Sprachführer

Aussprache

Die schwedische Aussprache der meisten Buchstaben unterscheidet sich nicht allzu sehr von der deutschen. Abweichend vom Deutschen sind folgende Ausspracheregeln zu beachten:

å:	wie ein dunkles o
c:	vor ä, e, i, ö und y wie ein stimmloses s, sonst wie k
dj, gj, hj, lj:	wie j
g:	vor ä, e, i, ö und y sowie nach l und r wie das deutsche j
k:	vor ä, e, i, ö und y zwischen sch und ch wie in »ich«
kj, tj:	zwischen sch und ch wie in »ich«
o:	wie u
sl:	vor ä, e, i, ö und y wie sch und ch in »ach« gleichzeitig
st:	vor ä, e, i, ö und y wie sch
j, tj:	zwischen sch und ch wie in »ich«
u:	ähnlich wie o oder zwischen deutschem u und ü
v:	wie w
y:	wie ü

Im Notfall

Hilfe!	Hjälp!
Stopp!	Stanna!
Rufen Sie einen Arzt!	Ring efter en doktor!
Rufen Sie einen Krankenwagen!	Ring efter en ambulans!
Rufen Sie die Polizei!	Ring polisen!
Rufen Sie die Feuerwehr!	Ring efter brandkåren!
Wo ist das nächste Telefon?	Var finns närmaste telefon?
Wo ist das nächste Krankenhaus?	Var finns närmaste sjukhus?

Grundwortschatz

Ja	Ja
Nein	Nej
Bitte (anbieten)	Varsågod
Danke	Tack
Entschuldigung	Ursäkta
Hallo	Hej
Auf Wiedersehen	Hej då/adjö
Gute Nacht	God natt
Morgen	Morgon
Nachmittag	Eftermiddag
Abend	Kväll
gestern	igår
heute	idag
morgen	i morgon
hier	här
das	där
Was?	Vad?
Wann?	När?
Warum?	Vartor?
Wo?	Var?

Nützliche Redewendungen

Wie geht es Ihnen?	Hur mår du?
Sehr gut, danke.	Mycket bra, tack.
Sehr erfreut, Sie zu sehen.	Trevligt att träffas.
Bis bald.	Vi ses snart.
Das ist gut.	Det går bra.
Wo ist/sind …?	Var finns …?
Wie weit ist es bis …?	Hur långt är det till …?
Wie komme ich nach …?	Hur kommer jag till …?
Sprechen Sie Englisch?	Talar du/ni engelska?
Ich verstehe nicht.	Jag förstår inte.
Könnten Sie bitte langsamer sprechen?	Kan du/ni tala långsammare, tack?
Tut mir leid.	Förlåt.

Nützliche Wörter

groß	stor
klein	liten
warm	varm
kalt	kall
gut	bra
schlecht	dålig
genug	tillräcklig
offen	öppen
geschlossen	stängd
links	vänster
rechts	höger
geradeaus	rakt fram
nahe	nära
weit	långt
auf/über	upp/över
unter/darunter	ner/under
früh	tidig
spät	sen
Eingang	ingång
Ausgang	utgång
Toilette	toalett
mehr	mer
weniger	mindre

Shopping

Wie viel kostet das?	Hur mycket kostar den här?
Ich möchte gern …	Jag skulle vilja …
Haben Sie …?	Har du/ni …?
Ich schaue mich nur um.	Jag ser mig bara omkring.
Nehmen Sie Kreditkarten?	Tar du/ni kreditkort?
Wann öffnen Sie?	När öppnar ni?
Wann schließen Sie?	När stänger ni?
teuer	dyr
billig	billig
Größe (Kleidung)	storlek
weiß	vit
schwarz	svart
rot	röd
gelb	gul
grün	grön
blau	blå
Antiquitätenladen	antikaffär
Bäckerei	bageri
Bank	bank
Buchhandlung	bokhandel
Konditorei	konditori
Apotheke	apotek
Markt	marknad
Zeitungskiosk	tidningskiosk
Postamt	postkontor
Supermarkt	snabbköp
Tabakladen	tobakshandel
Reisebüro	resebyrå

Sightseeing

Kunstgalerie	konstgalleri
Kirche	kyrka
Garten	trädgård
Haus	hus
Bibliothek	bibliotek
Museum	museum